大塚あや子の刺繍
ちいさな ちいさな
スタンプワーク
STUMPWORK
EMBROIDERY
35

きのこの作り方はp.103

STUMPWORKのこと

今から400年以上も前にイギリスで流行った刺繍があります。それは、ステッチの中に詰め物をしたり、ワイヤーを使って3次元的効果を出した立体の刺繍でした。レイズドワーク（Raised Work）、またはエンボスワーク（Embossed Work）といった名称で、後にスタンプワーク（Stump Work）と呼ばれるようになりました。今でもちいさな小箱、鏡の周り、パネルなどに素晴らしい作品が残されています。一時期途絶えていましたが、昨今、再び注目を浴びるようになりました。昔の宗教的なデザインは植物や動物などに変わって、沢山の人に支持されています。

この本で紹介するのは、ワンポイントで刺せるようなちいさなスタンプワークです。どれも作りやすいように工夫してみました。是非、この機会に興味を持っていただけたら嬉しいです。

大塚あや子

CONTENTS

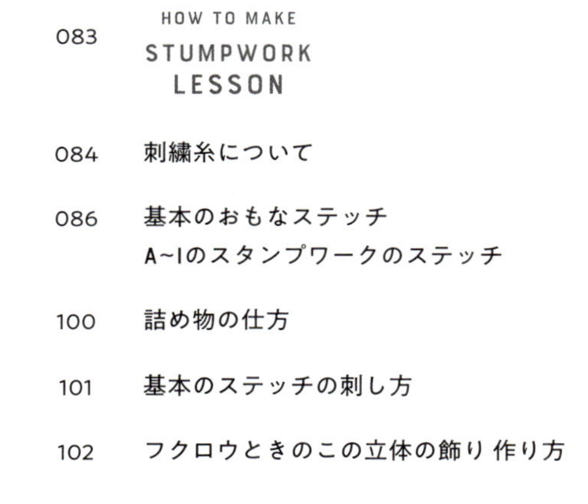

AD&デザイン / 天野美保子
撮影 / 鏑木希実子
スタイリング / 鈴木亜希子
ヘア&メイク / オオイケ ユキ
モデル / マリア・ヤニク（シュガー&スパイス）
トレース / 原山 恵

DTP / 天龍社
印刷 / 図書印刷

撮影協力 /
musline
〒180-0004　東京都武蔵野市吉祥寺本町4-14-15　スワンハイツ1F
TEL 0422-20-6292

フクロウときのこの作り方はp.102, 103

STUMPWORK

1
蜂の巣

木の枝にぶら下がる立派な巣。蜂を小さく刺せば、大きく見えます。

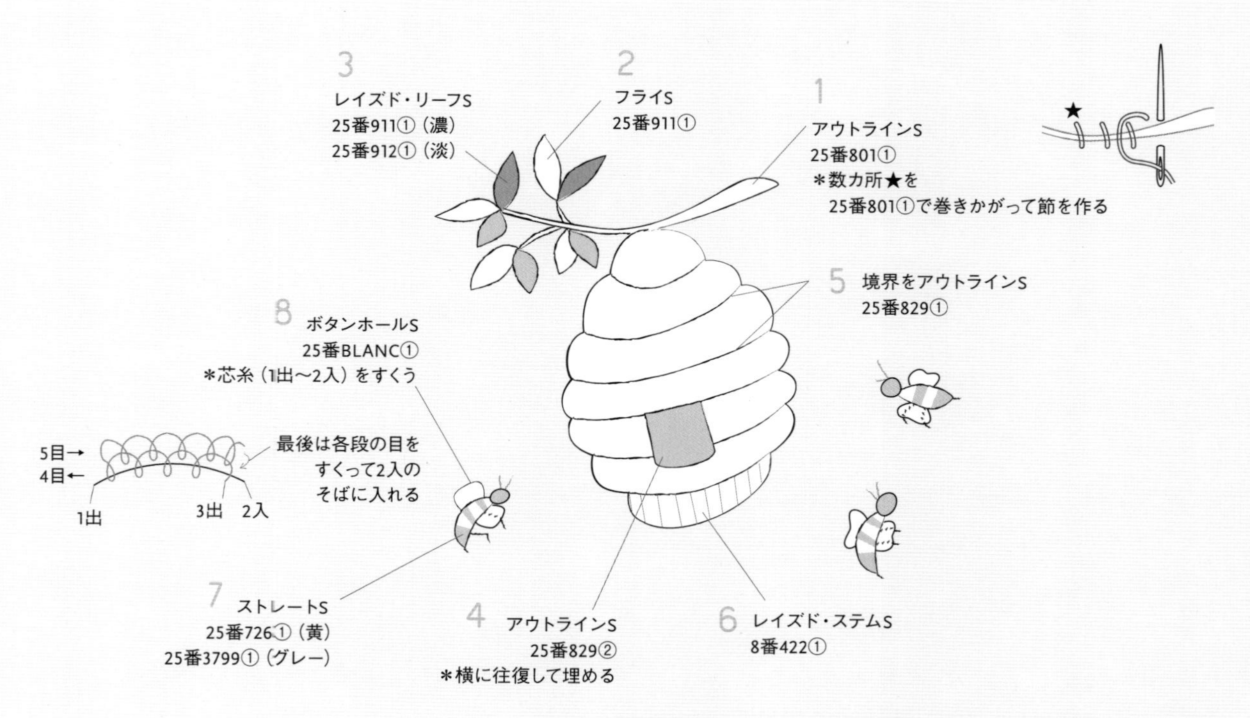

刺繍糸　DMC25番／726, 801, 829, 911, 912, 3799, BLANC　8番／422

＊図中の糸番号の後の丸数字は糸の本数です。

STUMPWORK

2
青いベア

おもちゃ箱から出てきたような宝物のクマ。自由に動く手足でポーズを作って。

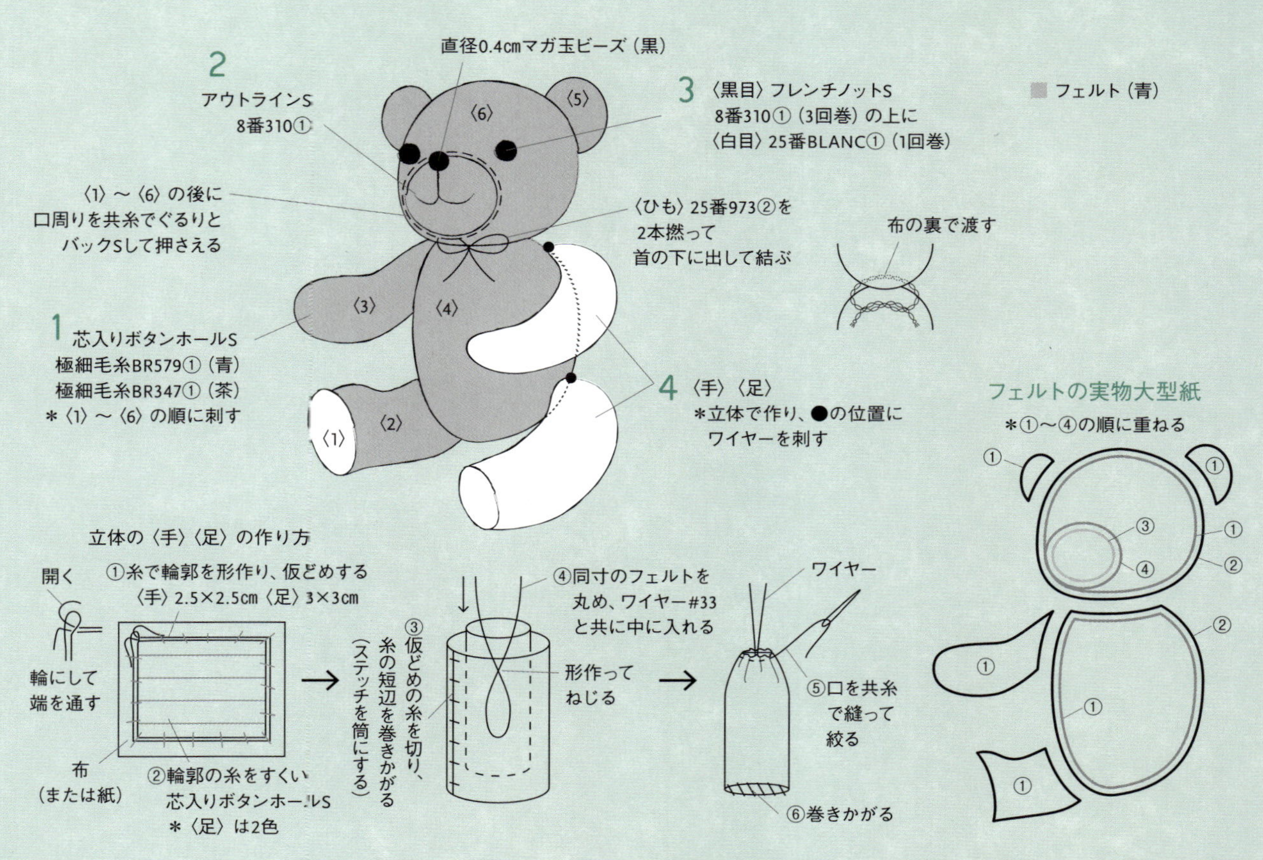

刺繍糸　DMC 25 番／ 973，BLANC　8 番／ 310　BELLA RUSSO 579，347

＊図中の糸番号の後の丸数字は糸の本数です。

STUMPWORK

3
もみの木

毛糸の葉にビーズの飾りつけを。葉は、適当くらいがちょうどよい加減に仕上がります。

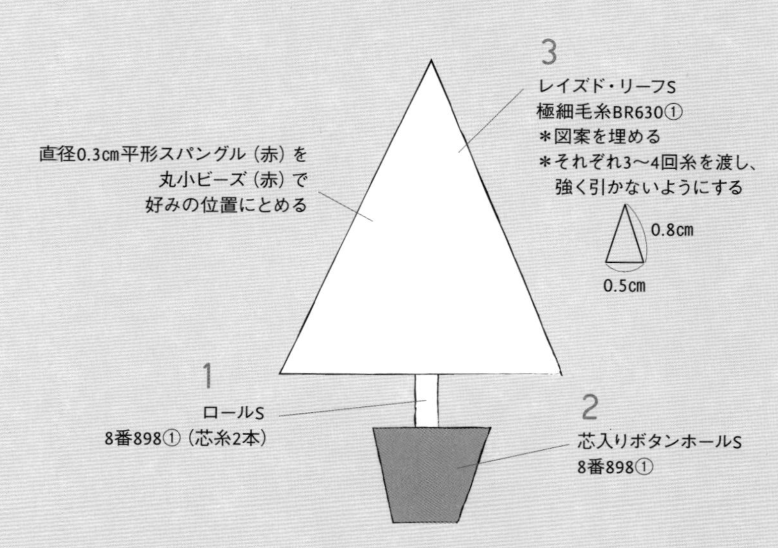

刺繍糸　DMC 8 番／ 898　BELLA RUSSO 630

＊図中の糸番号の後の丸数字は糸の本数です。

STUMPWORK

4

毛糸のウエア

冬支度のあたたかな手仕事。編み目のようなセイロンステッチがポイントです。

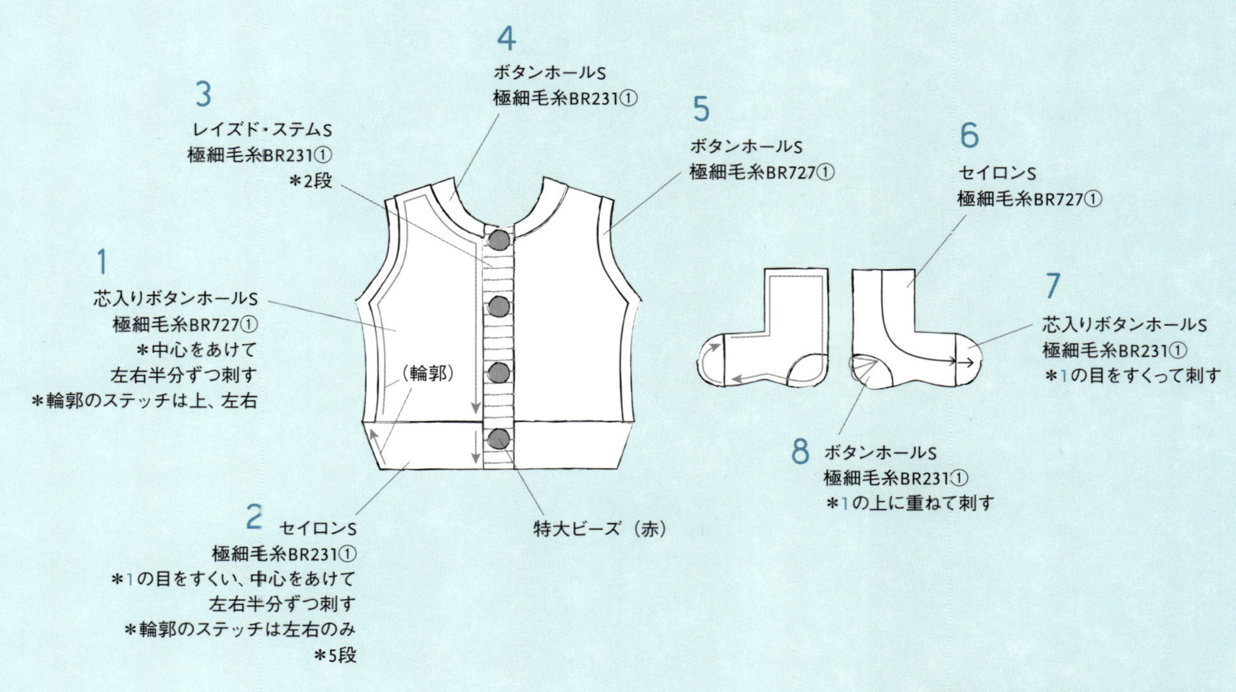

刺繍糸　BELLA RUSSO 231，727

＊図中の糸番号の後の丸数字は糸の本数です。

STUMPWORK

5
おすわり犬

つぶらな瞳の犬。手足や胴体の形を意識して、土台のフェルトを重ねます。

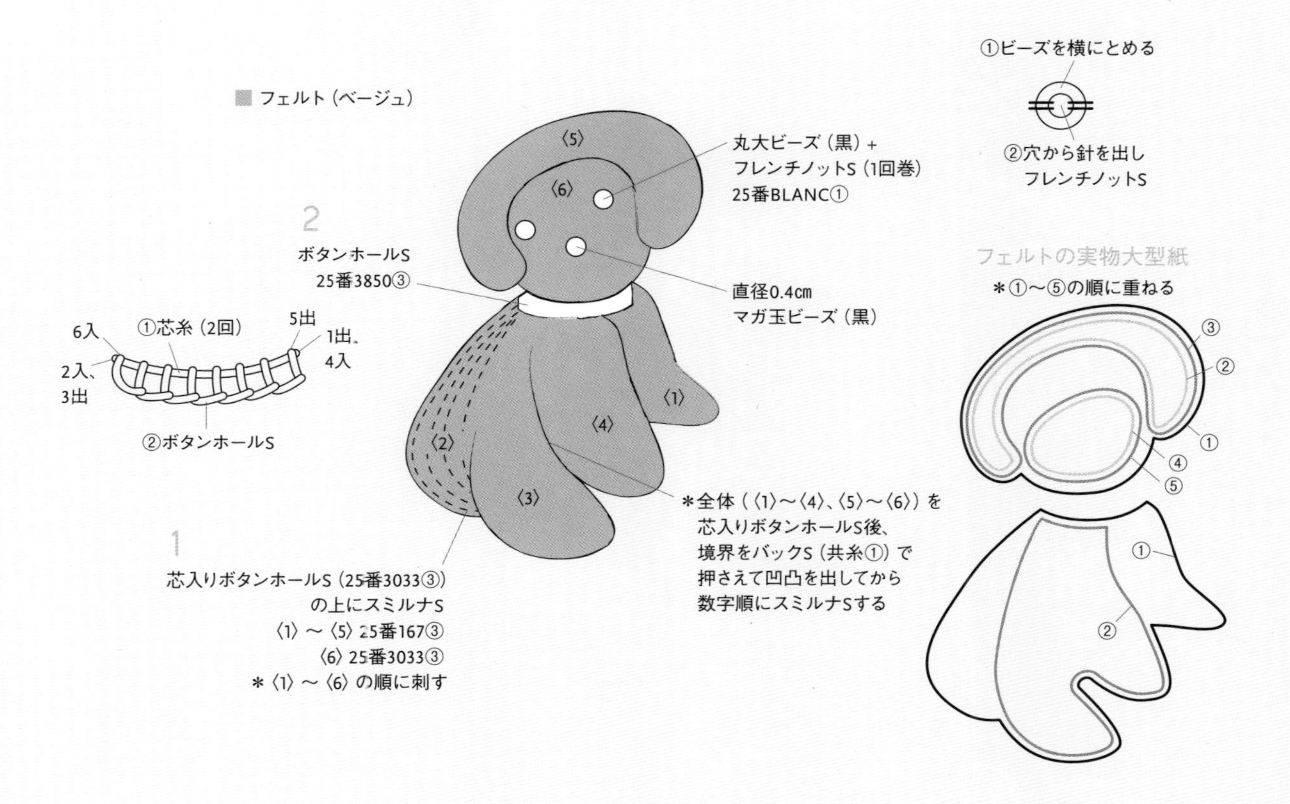

刺繍糸　DMC 25 番／ 167, 3033, 3850, BLANC

＊図中の糸番号の後の丸数字は糸の本数です。

STUMPWORK

6
ヤドリギ

幸福をもたらす聖なる木は葉が特徴的。立体と平面を織り交ぜて描きましょう。

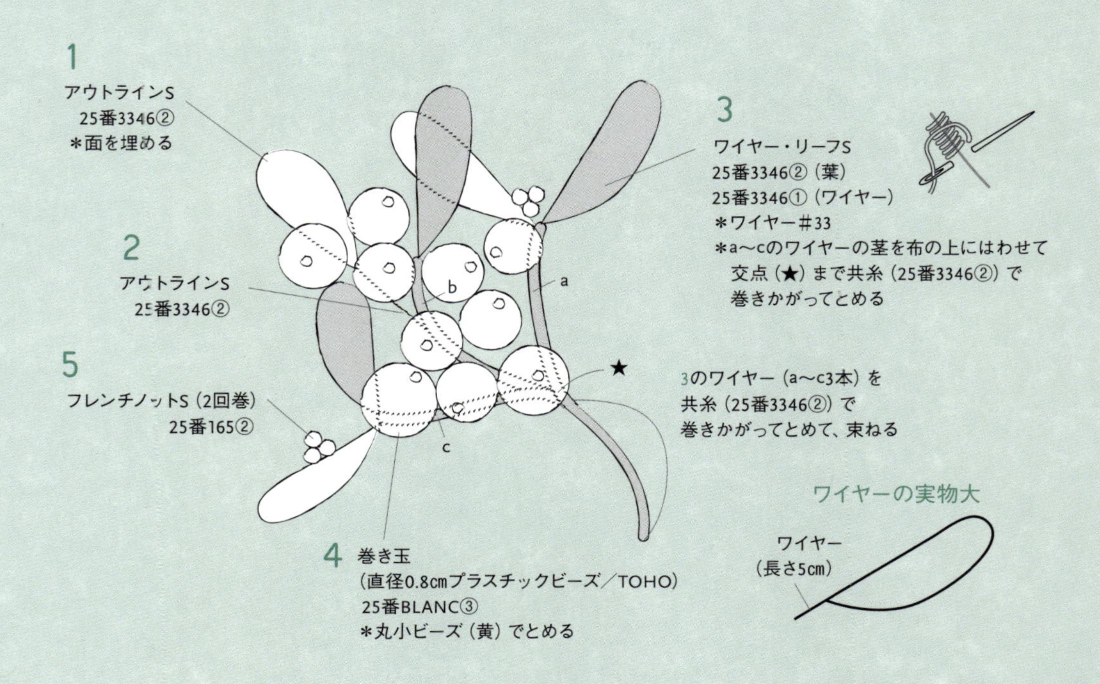

刺繍糸　DMC 25 番／ 165，3346，BLANC

＊図中の糸番号の後の丸数字は糸の本数です。

STUMPWORK

7

イチゴと花

ふたごのように実ったイチゴ。白い花とのコントラストでより鮮やかに。

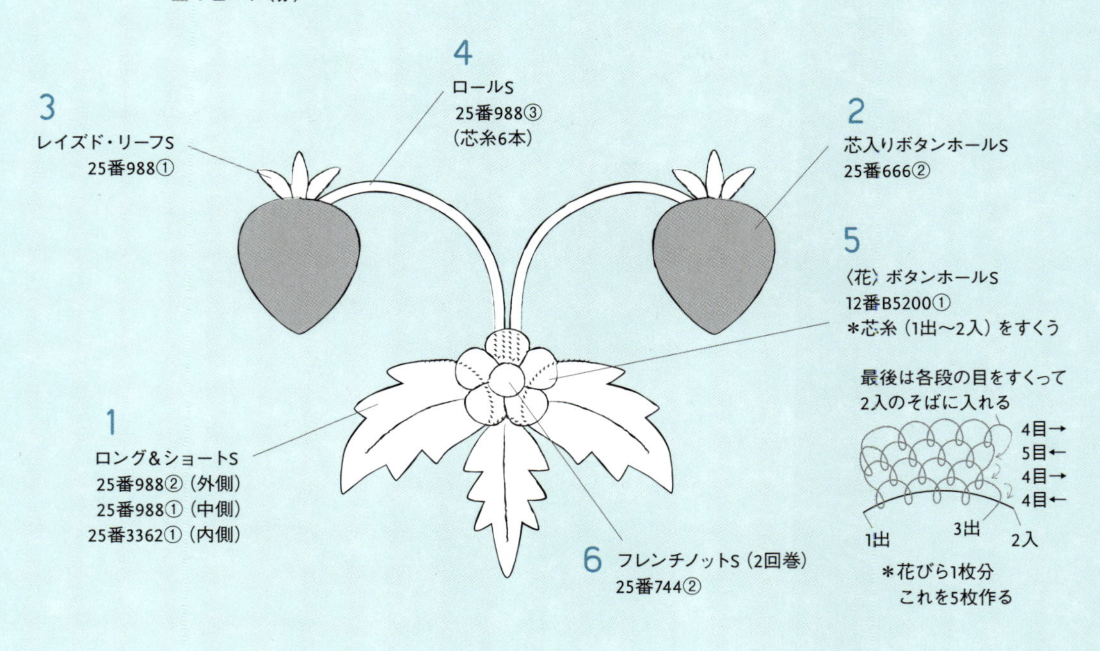

刺繍糸　DMC 25 番／666，744，988，3362　12 番／B5200

＊図中の糸番号の後の丸数字は糸の本数です。

STUMPWORK

8
ブラウンバニー

ウールの細糸でふっくらと。大きな耳は好きな向きに曲げられます。

■ フェルト（ウサギ／茶、ニンジン／橙）

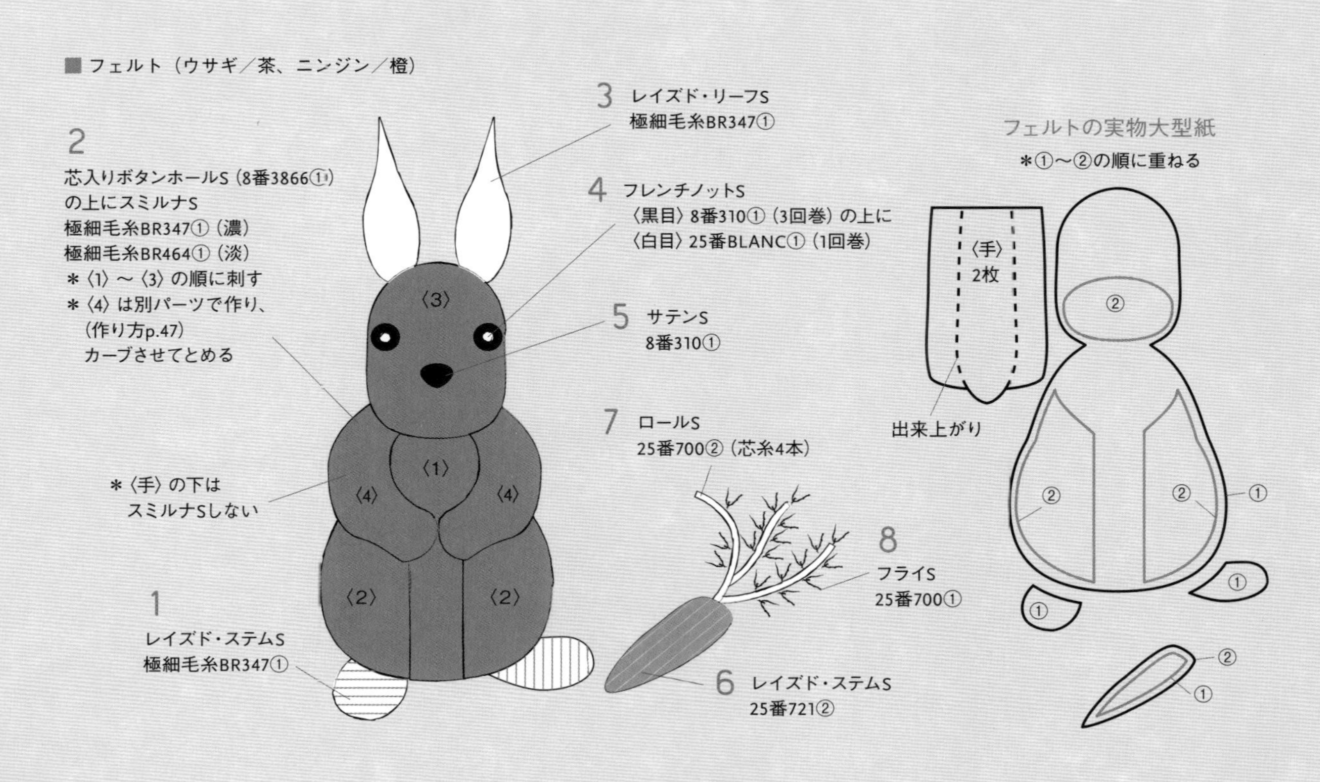

刺繍糸　DMC25 番／700，721，BLANC　8 番／310，3866　BELLA RUSSO 347，464

＊図中の糸番号の後の丸数字は糸の本数です。

STUMPWORK

9

レモンツリー

大小の実をつけたシンボルツリー。からませた茎は共に過ごした年月のよう。

■ フェルト（茶）

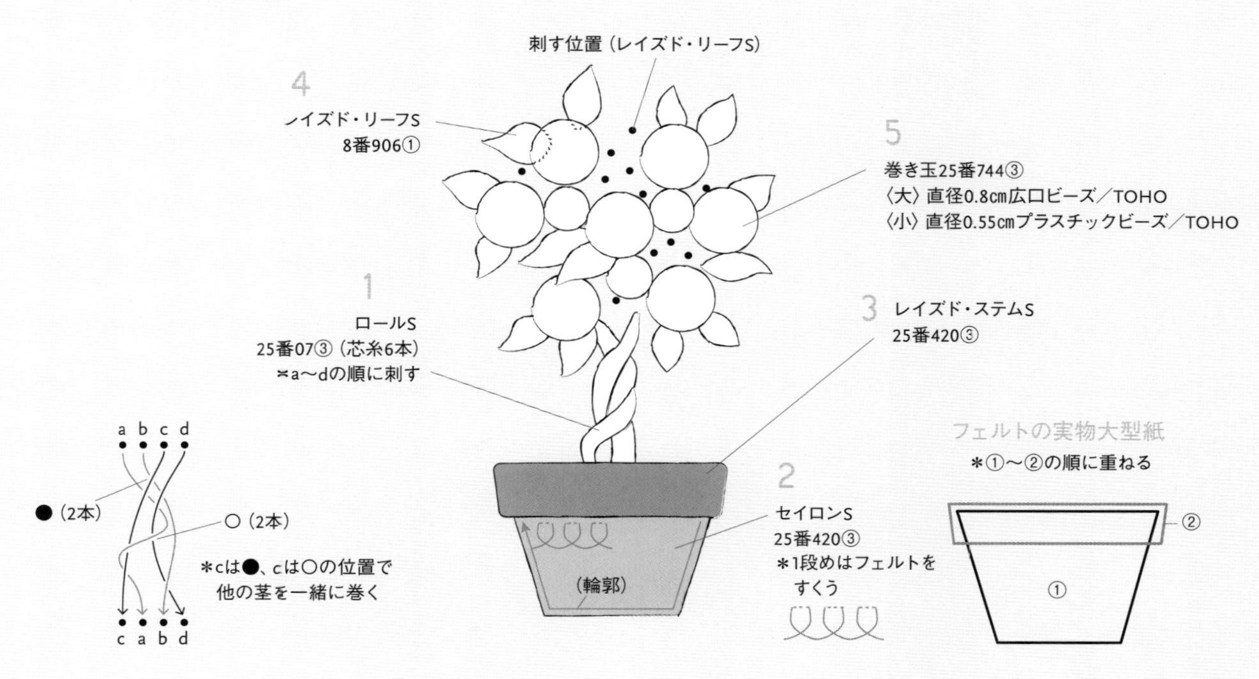

刺繍糸　DMC25 番／ 07，420，744　8 番／ 906

＊図中の糸番号の後の丸数字は糸の本数です。

STUMPWORK

10
ホップ

和名は「唐花草」。松ぼっくりのような毬花をレイスド・リーフステッチで。

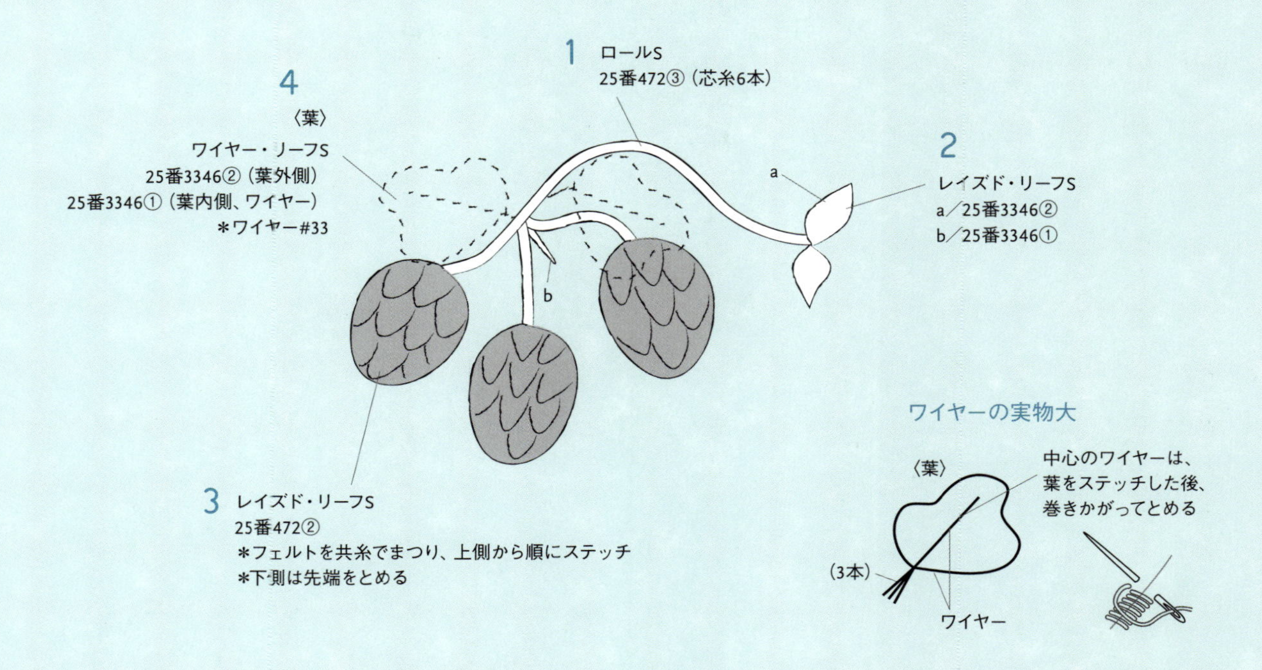

刺繍糸　DMC25番／472，3346
＊図中の糸番号の後の丸数字は糸の本数です。

STUMPWORK

11

黒猫

しなやかな尾や手。スタイリッシュさも猫の魅力。長いひげを忘れずに。

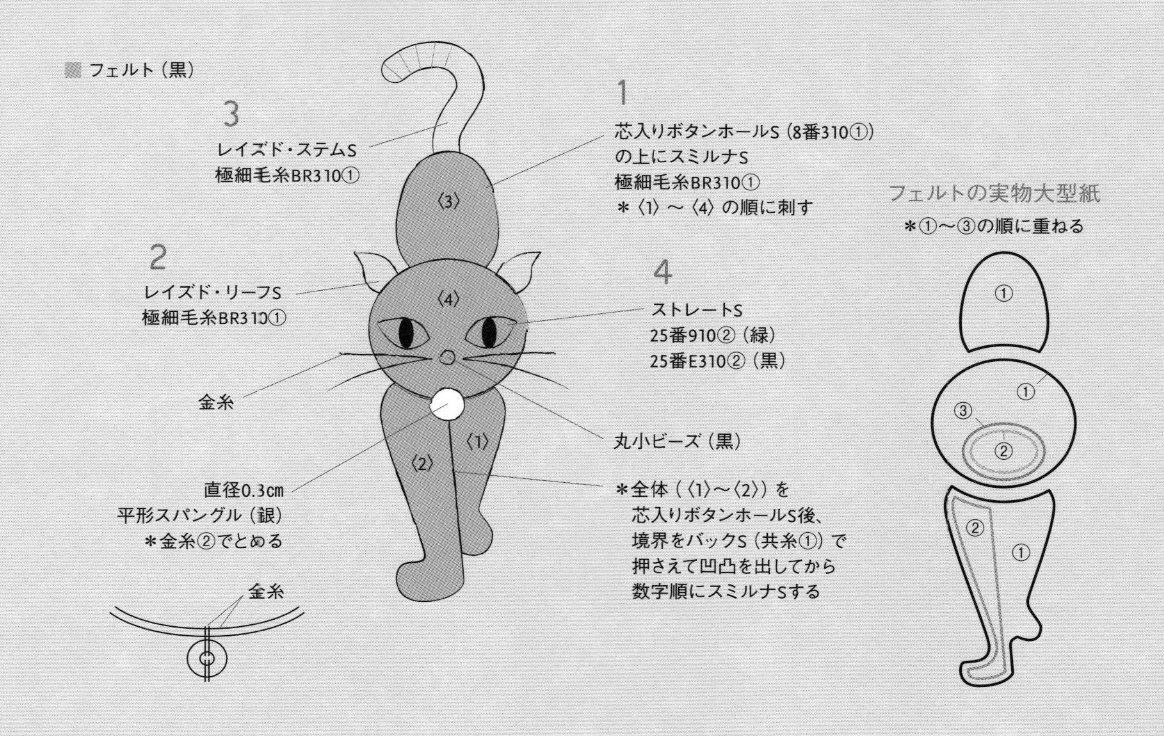

刺繍糸　DMC 25 番／910，E310　8 番／310　BELLA RUSSO 310

＊図中の糸番号の後の丸数字は糸の本数です。

STUMPWORK

12

スマイル青虫

子供の落書きのようなタッチで楽しく！段染め糸がクレヨンのような味わい。

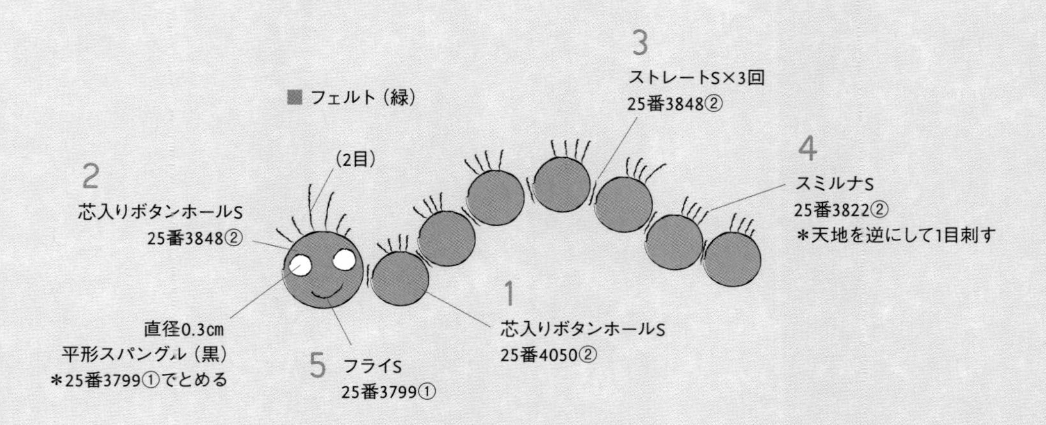

刺繍糸　DMC 25 番／ 3799, 3822, 3848, 4050

＊図中の糸番号の後の丸数字は糸の本数です。

手で触れたくなる—
ちいさなモチーフは
思い出箱のよう

きのこの作り方はp.103

STUMPWORK

13
赤いきのこ

フレンチノットSの模様はあえて不揃いに。より本物らしく見えます。

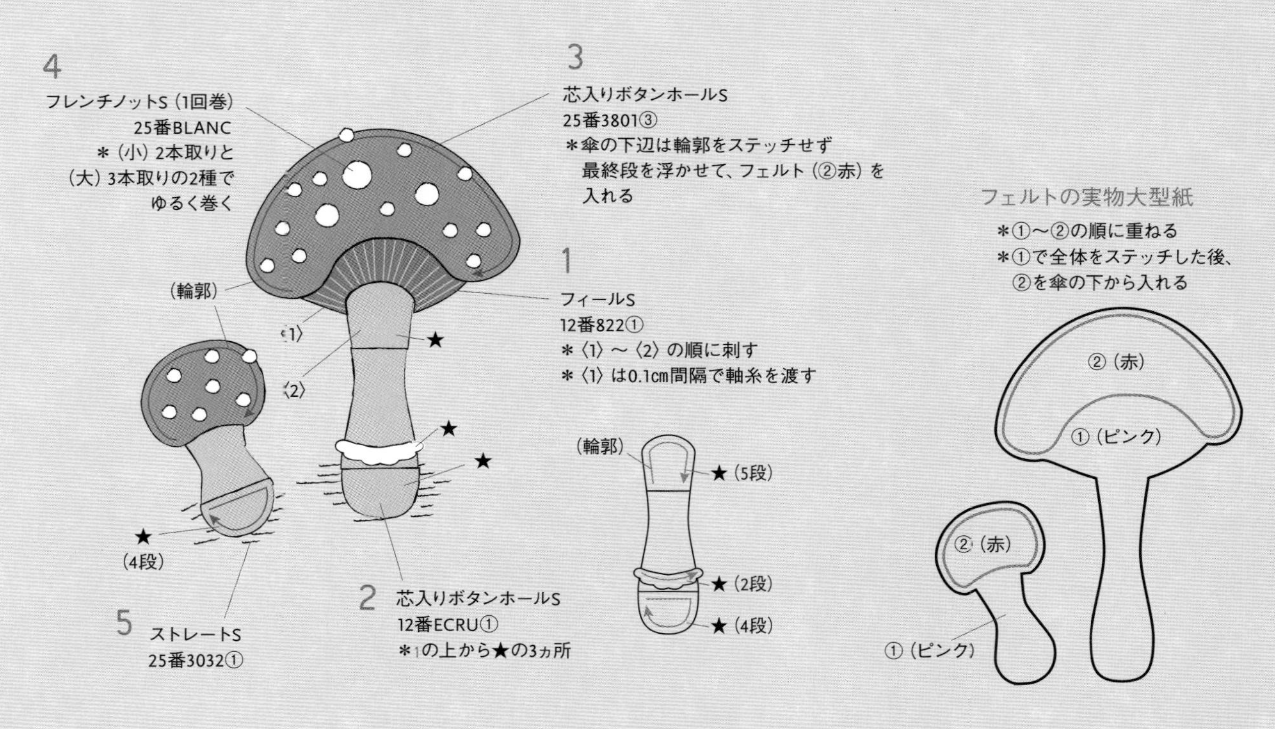

刺繍糸　DMC 25 番／ 3032，3801，BLANC　12 番／ 822，ECRU

＊図中の糸番号の後の丸数字は糸の本数です。

STUMPWORK

14

フクロウ

頭や羽、お腹で糸を替えれば毛並みが表現できます。大きな目はフェルトで。

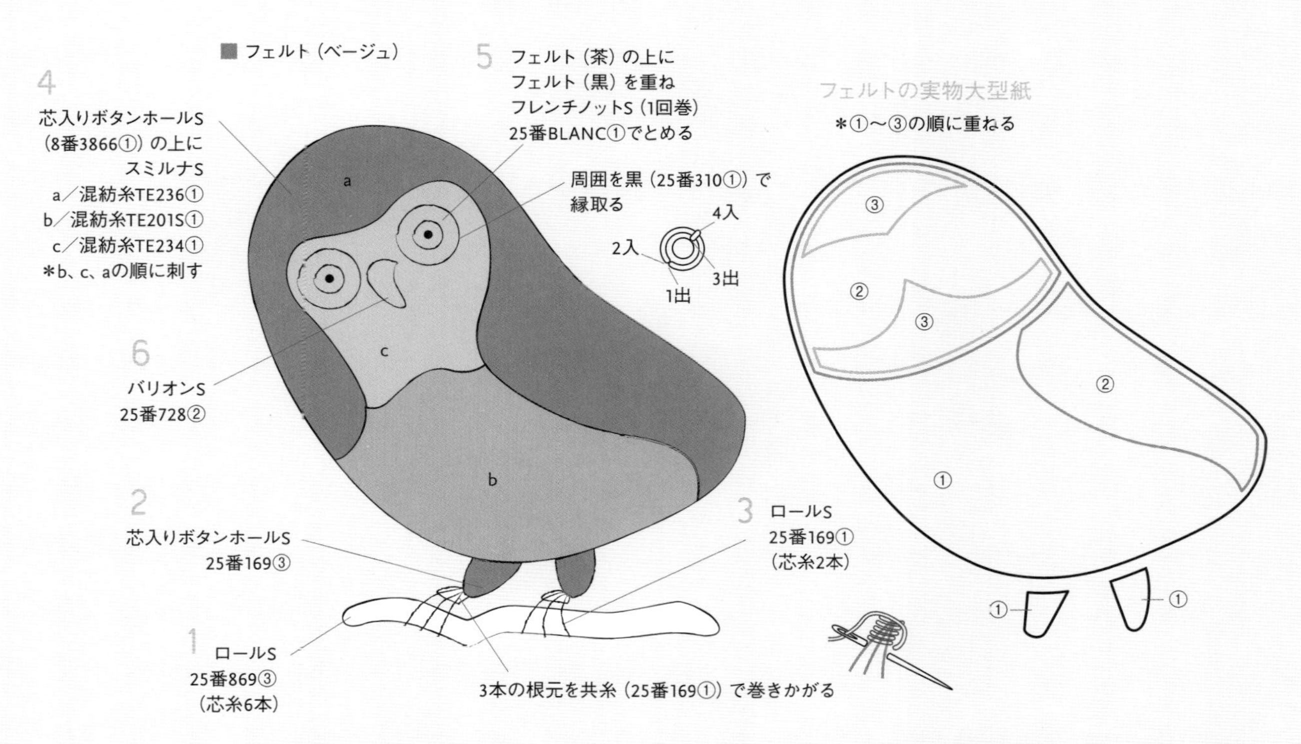

刺繍糸　DMC 25 番／ 169, 310, 728, 869, BLANC　8 番／ 3866　THREAD WORX Expressions 201S, 234, 236

＊図中の糸番号の後の丸数字は糸の本数です。

STUMPWORK

15

テントウムシ

ひとつでもかわいい幸運のモチーフ。模様は、ちいさなスパングルをとめて簡単に。

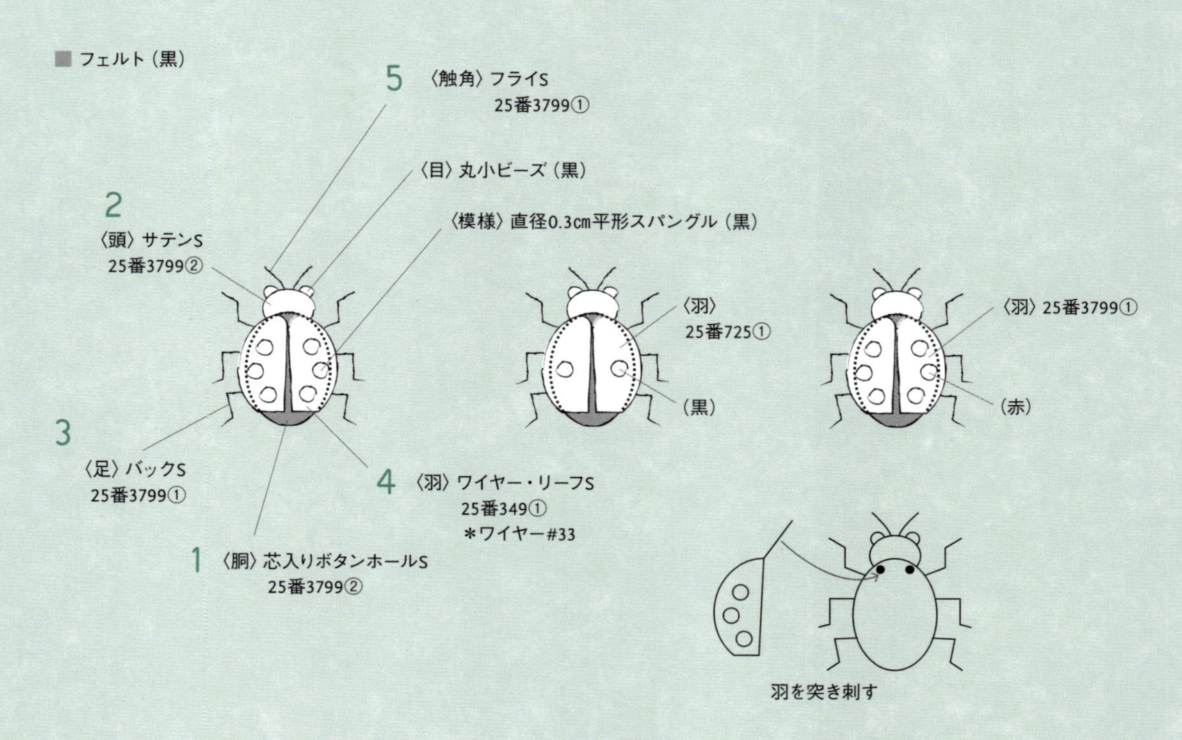

刺繍糸　DMC 25 番／ 349, 725, 3799

＊図中の糸番号の後の丸数字は糸の本数です。

STUMPWORK

16
野バラ

薄紅色のバラ。細長いレイズド・リーフステッチでがくや葉を描きましょう。

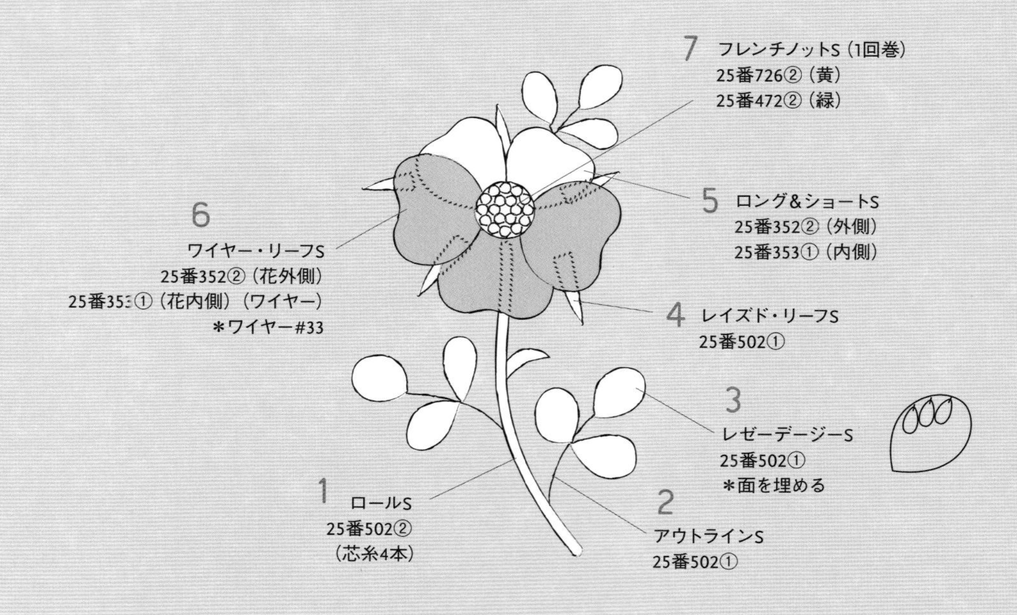

刺繍糸　DMC 25 番／352, 353, 472, 502, 726

＊図中の糸番号の後の丸数字は糸の本数です。

STUMPWORK

17

青いきのこ

ときには想像で刺してみるのも楽しい。段染め糸で少し幻想的な雰囲気に。

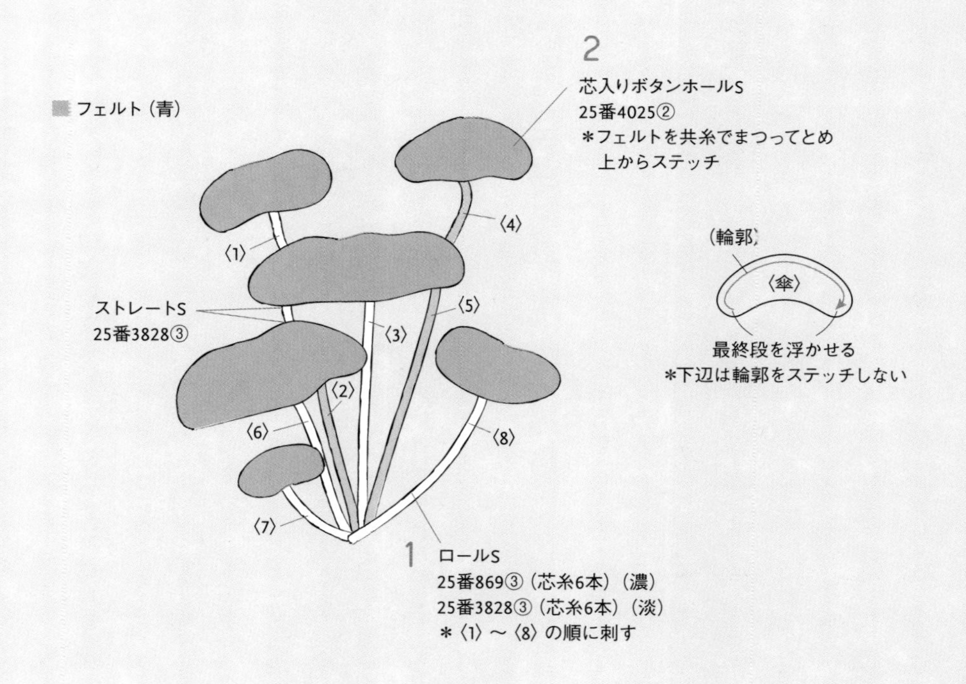

刺繍糸　DMC 25 番／869，4025，3828

＊図中の糸番号の後の丸数字は糸の本数です。

STUMPWORK

18

森のどんぐり

ミズナラ、クヌギ、コナラ…。秋の森で見つけた、木の実をコレクション。

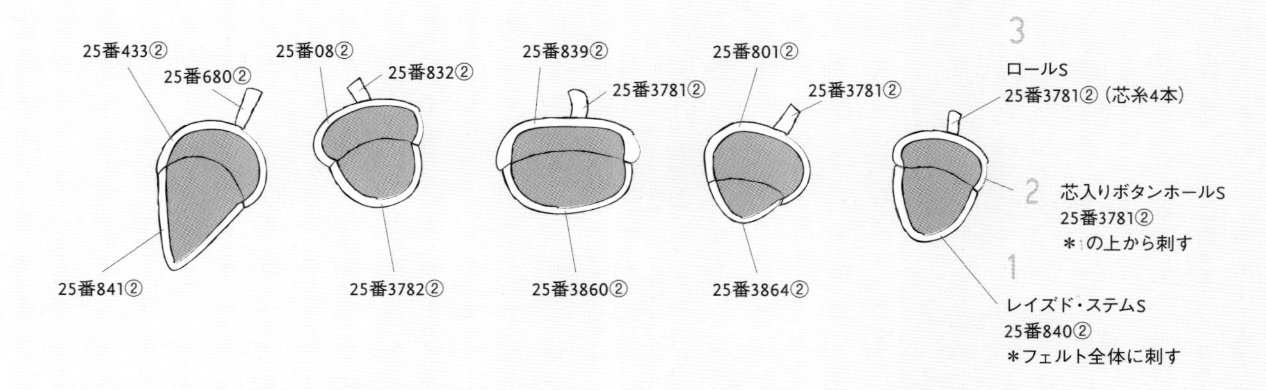

刺繍糸　DMC25番／08, 433, 680, 801, 832, 839, 840, 841, 3781, 3782, 3860, 3864

＊図中の糸番号の後の丸数字は糸の本数です。

STUMPWORK

19
テディベア

贈りものにしたい、ちいさな刺繍のぬいぐるみ。ファーストベアに心を込めて。

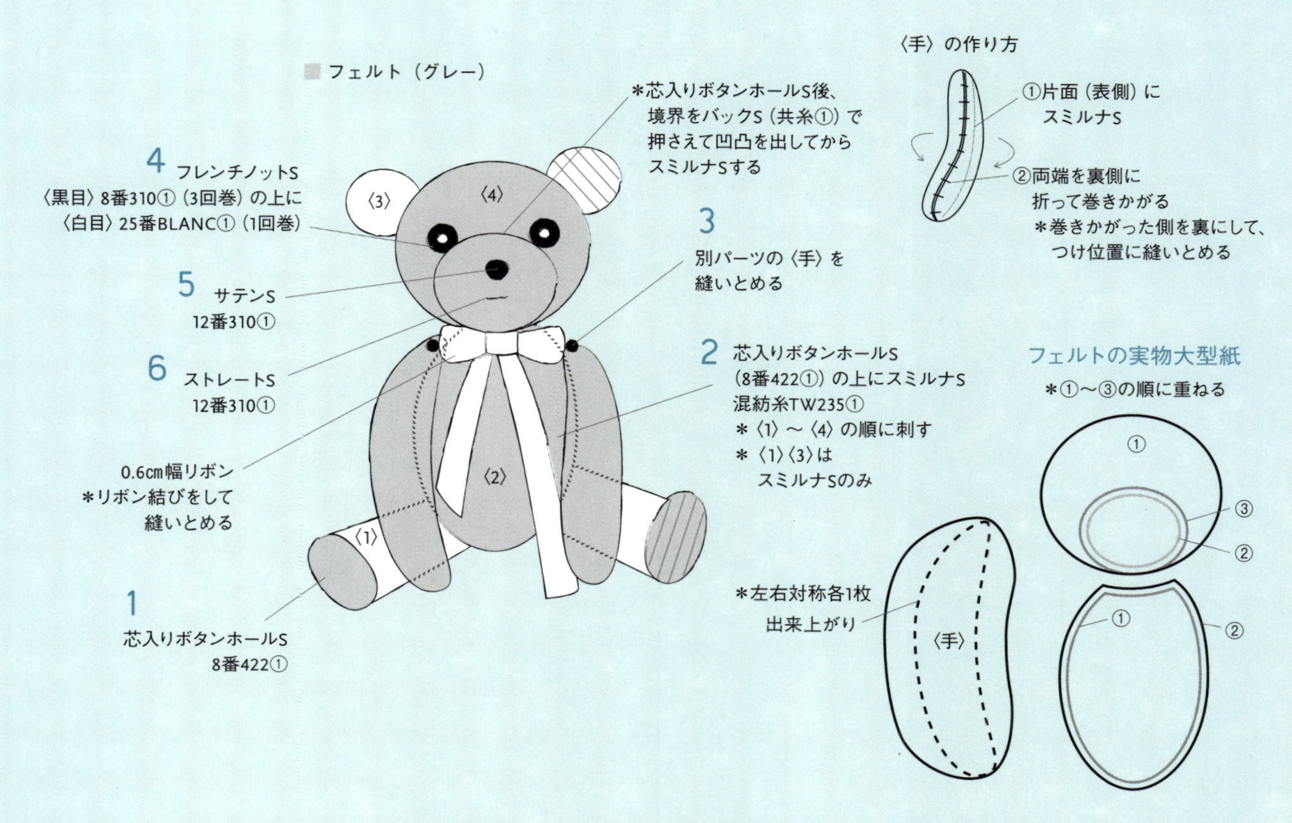

刺繍糸　DMC 25 番／ BLANC　12 番／ 310　8 番／ 310，422　THREAD WORX Expressions 235

＊図中の糸番号の後の丸数字は糸の本数です。

STUMPWORK

20

のどかな羊

黒い顔がチャームポイントの「ヴァレー・ブラックノーズ」。毛糸でふっくらと。

■ フェルト（白、黒）

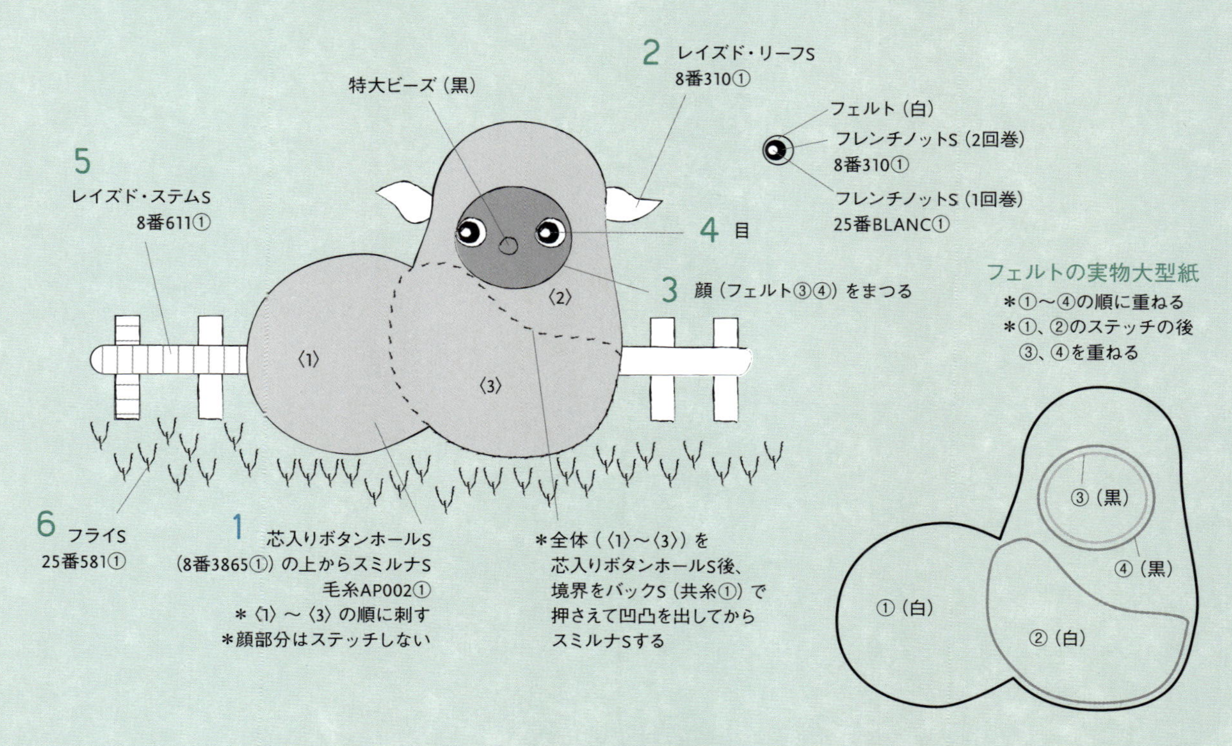

刺繍糸　DMC 25番／581, BLANC　8番／310, 611, 3865　APPLETON 002

＊図中の糸番号の後の丸数字は糸の本数です。

STUMPWORK

21

樫の実

美しい緑のドングリ。風にゆれる葉をワイヤーワークで加えました。

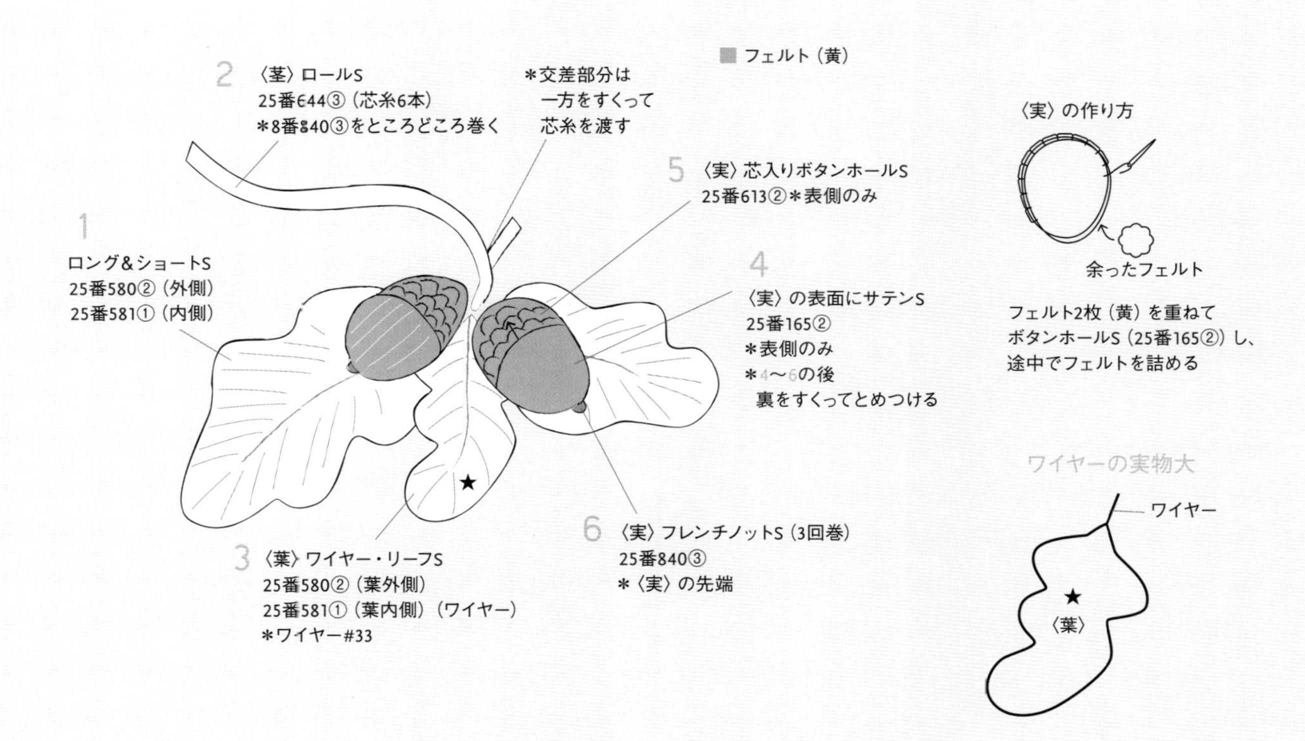

刺繍糸　DMC 25 番／ 165，580，581，613，644，840

＊図中の糸番号の後の丸数字は糸の本数です。

STUMPWORK

22
バラのアーチ

ロールステッチの蔓が絡み合うアーチ。ちいさなガーデンにようこそ。

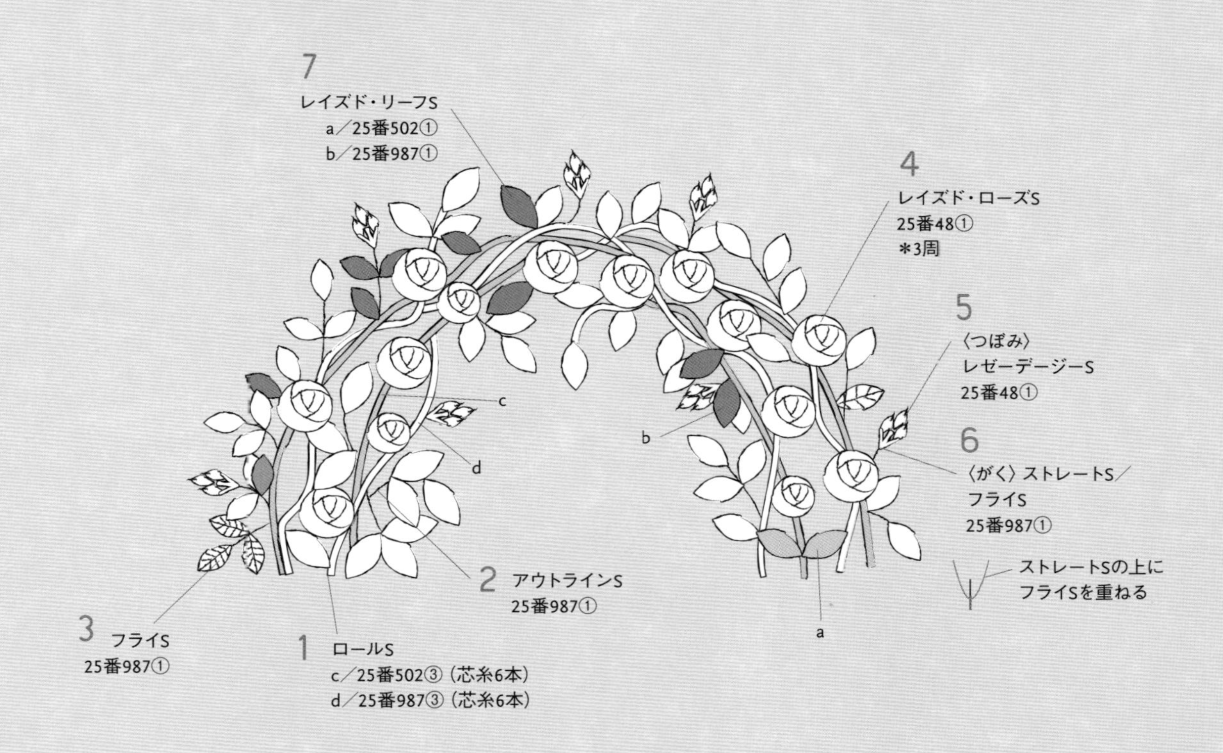

刺繍糸　DMC 25 番／48, 502, 987

＊図中の糸番号の後の丸数字は糸の本数です。

STUMPWORK

23

昆虫アクセサリー

ラメ糸やレーヨン素材の糸の光沢で着飾った虫たち。玉虫色で華やかに。

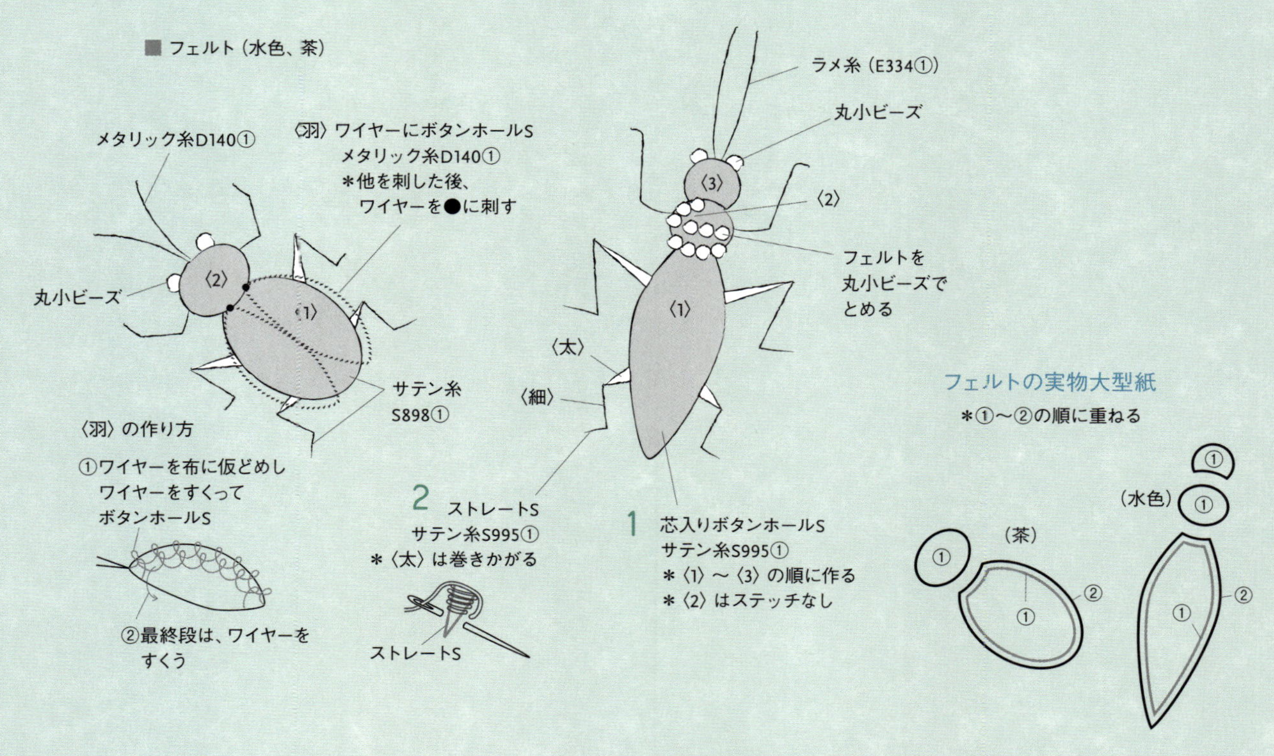

刺繍糸　DMC サテン糸／ S898, S995　ラメ糸／ E334　メタリック糸／ D140

＊図中の糸番号の後の丸数字は糸の本数です。

STUMPWORK

24

あひるの子

愛嬌のある表情の秘訣はワイヤー入りの口ばし。自分好みに整えましょう。

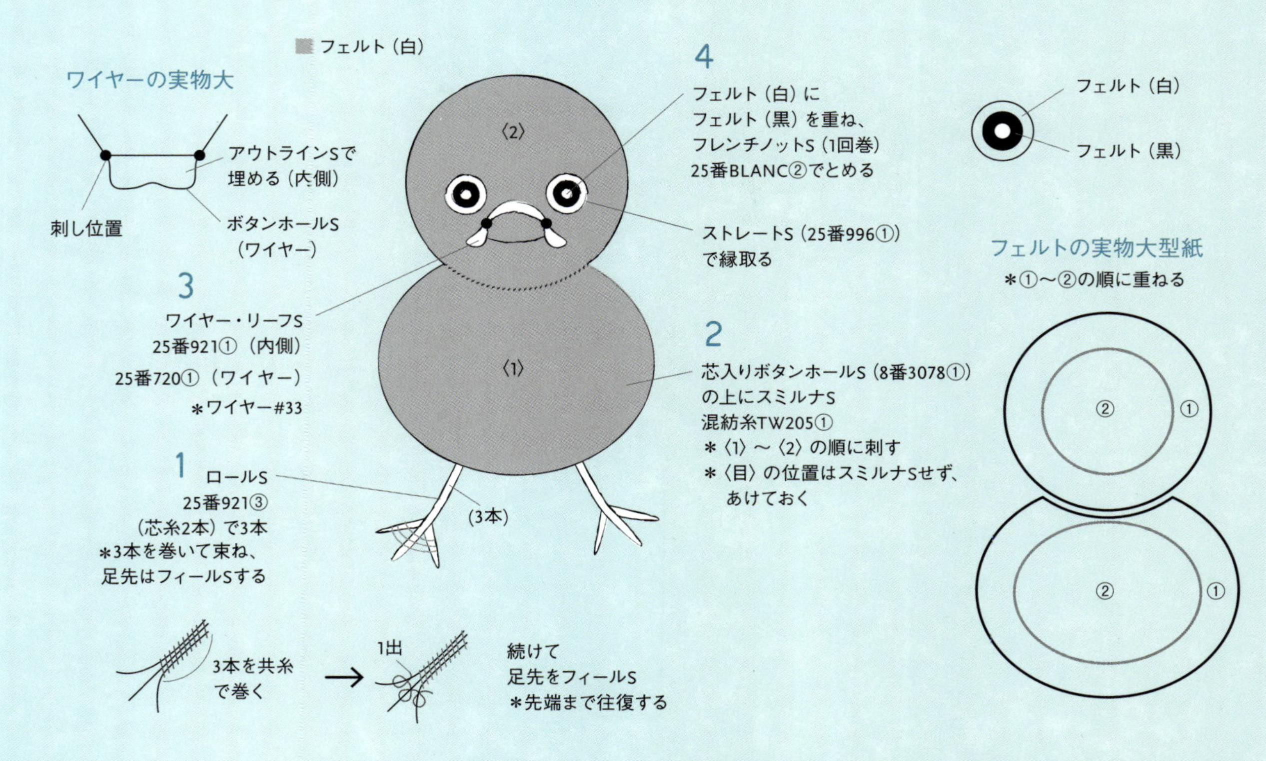

刺繍糸　DMC 25 番／720, 921, 996, BLANC　8 番／3078　THREAD WORX Expressions 205

＊図中の糸番号の後の丸数字は糸の本数です。

フラミンゴのダンスに合わせてステップ。
ポケットは、お散歩で拾ったどんぐりの刺繍が目印。

STUMPWORK

25
フラミンゴ

スタンプワークの３種のステッチで。羽毛は、糸をほぐしてふんわりさせましょう。

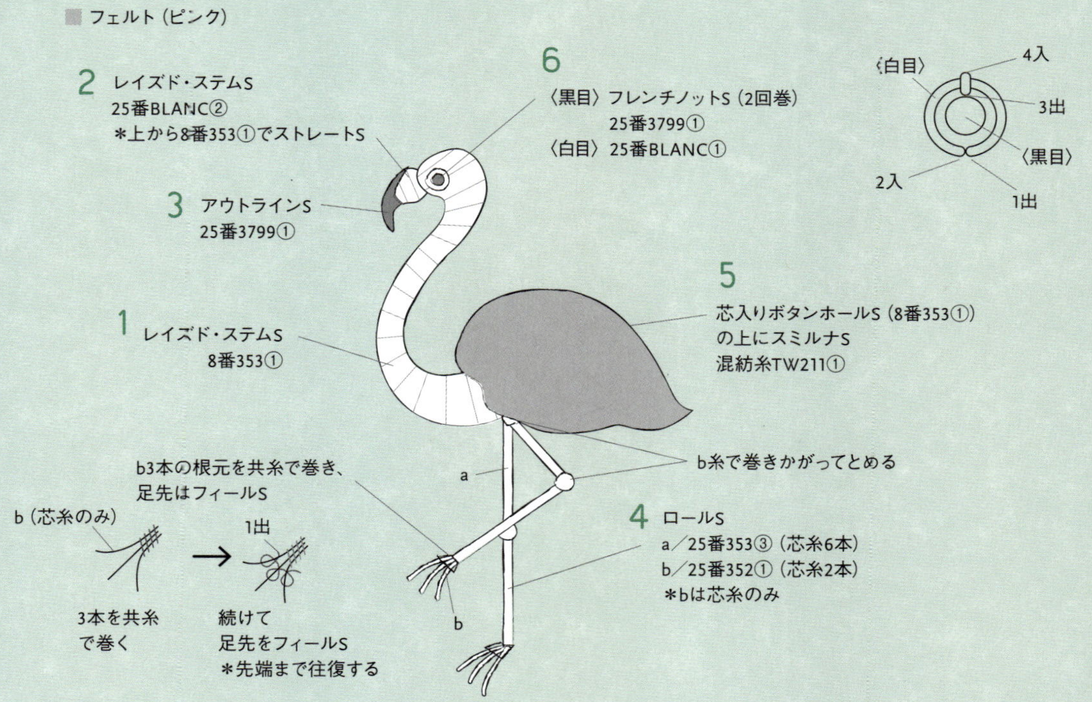

■ フェルト（ピンク）

2 レイズド・ステムS
25番BLANC②
＊上から8番353①でストレートS

6
〈黒目〉フレンチノットS（2回巻）
25番3799①
〈白目〉25番BLANC①

〈白目〉
4入
3出
〈黒目〉
2入
1出

3 アウトラインS
25番3799①

5
芯入りボタンホールS（8番353①）
の上にスミルナS
混紡糸TW211①

1 レイズド・ステムS
8番353①

b3本の根元を共糸で巻き、
足先はフィールS

b糸で巻きかがってとめる

a

b（芯糸のみ）

1出

3本を共糸
で巻く

続けて
足先をフィールS
＊先端まで往復する

b

4 ロールS
a／25番353③（芯糸6本）
b／25番352①（芯糸2本）
＊bは芯糸のみ

刺繍糸 DMC 25番／352，353，3799，BLANC 8番／353 THREAD WORX Expressopns 211

＊図中の糸番号の後の丸数字は糸の本数です。

STUMPWORK

26

ニット帽とミトン

1段ごとに色を替えたマルチボーダー。毛糸だとポップな色もやさしい表情に。

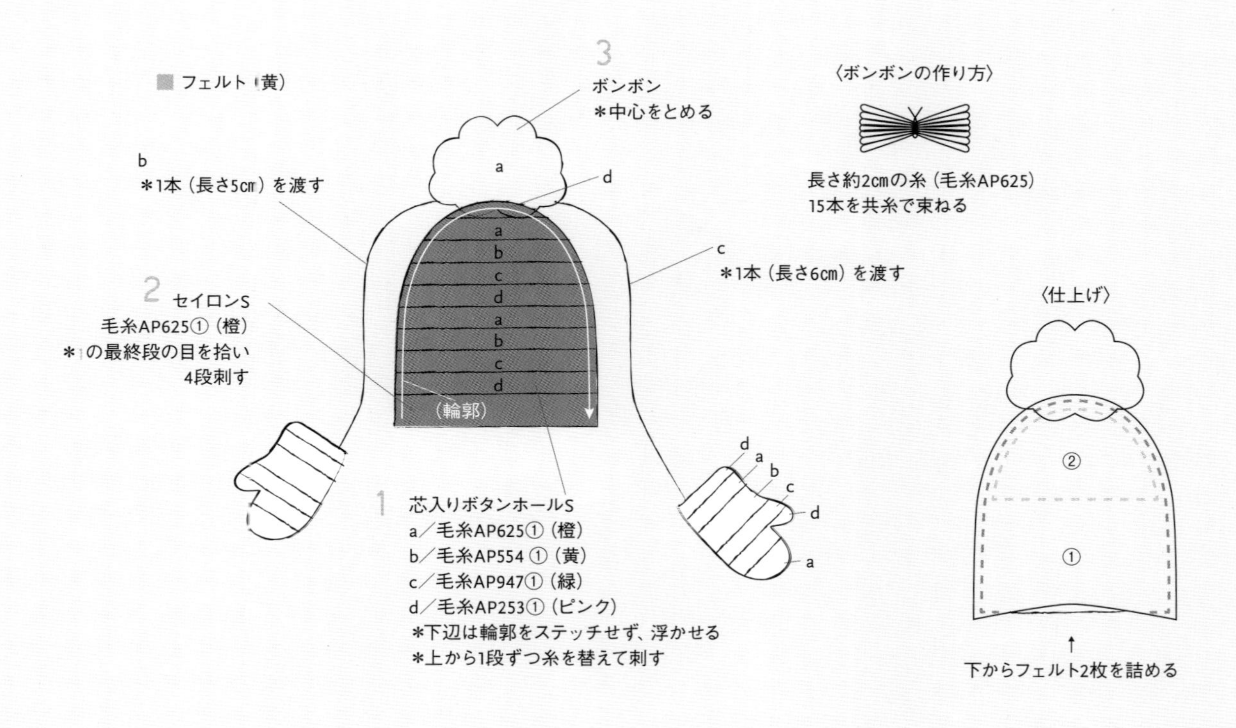

刺繍糸　APPLETON 253, 554, 625, 947
＊図中の糸番号の後の丸数字は糸の本数です。

STUMPWORK

27

犬とお散歩

街で見かけたかわいい犬。お気に入りの散歩のリードは、ブランケットステッチで。

■ フェルト（グレー）

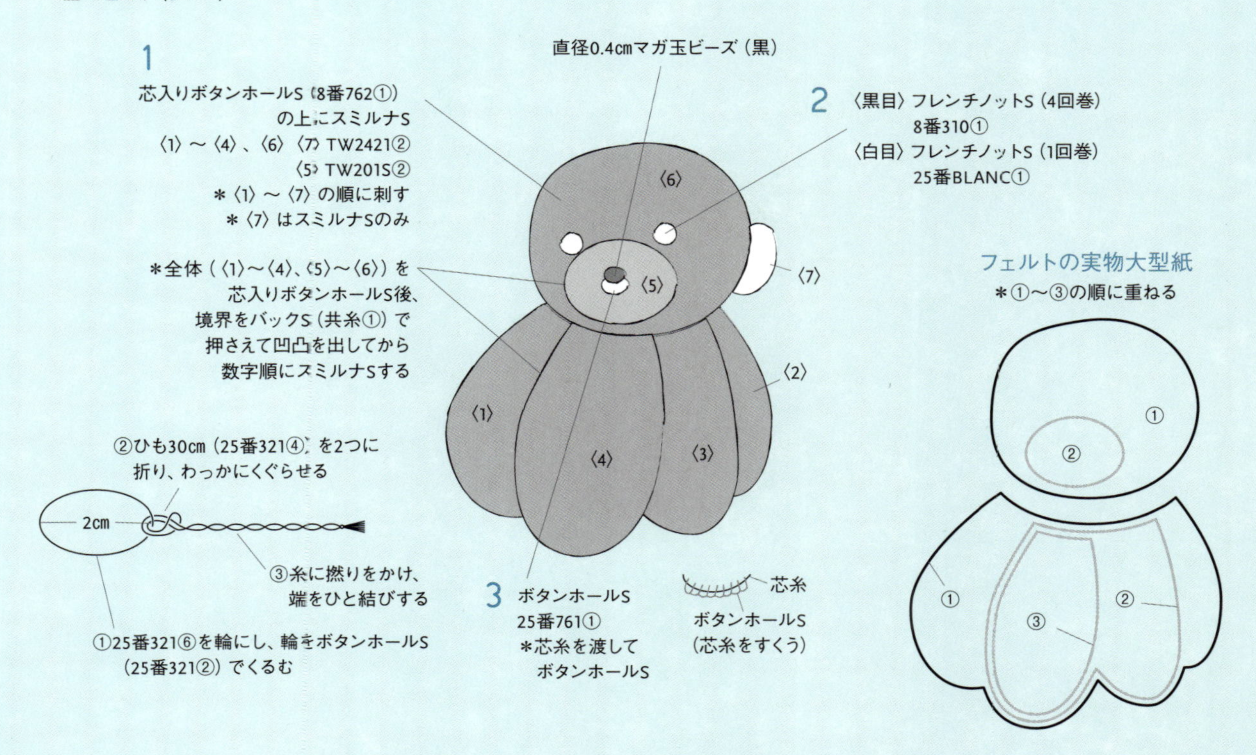

刺繍糸　DMC 25番／321, 761, BLANC　8番／310, 762　THREAD WORX　Expressopns 201S　2421

＊図中の糸番号の後の丸数字は糸の本数です。

STUMPWORK

28

ベニバナ

刺すたびに違う色合いになる花びらを重ねて。グラデーションの糸の面白さです。

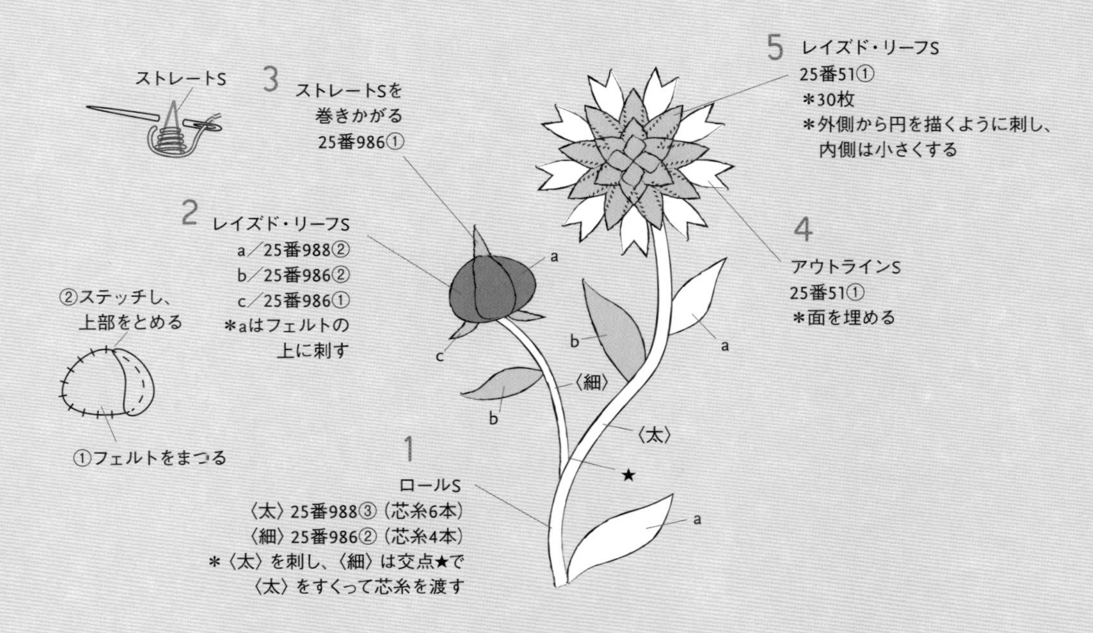

刺繍糸　DMC 25 番／ 51,986，988

＊図中の糸番号の後の丸数字は糸の本数です。

STUMPWORK

29

いたずら猫

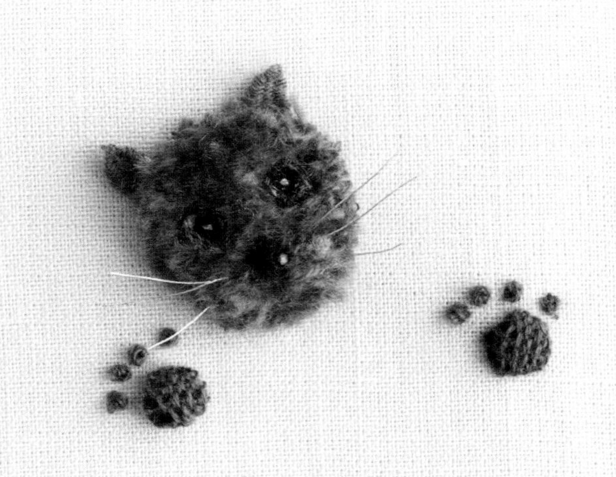

大きな目と小さなかわいい手。猫はいつでも好奇心いっぱい。

■ フェルト（グレー、黒）

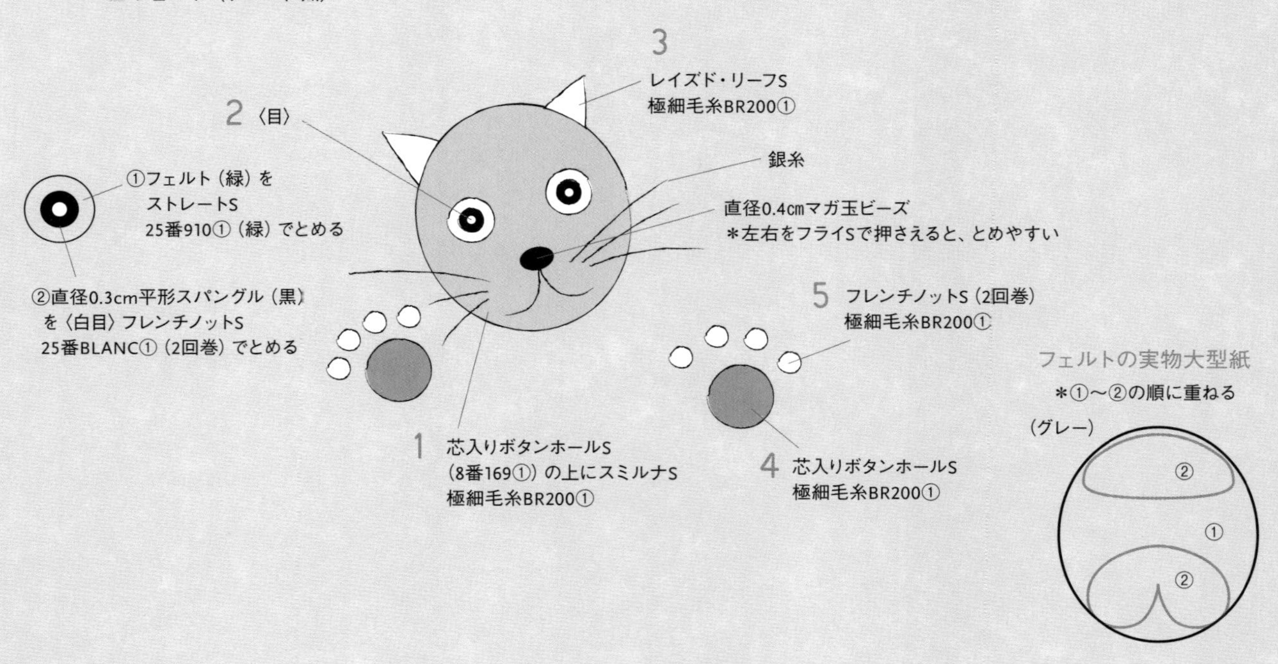

刺繍糸　DMC 25 番／910, BLANC　8 番／169　BELLA RUSSO 200

＊図中の糸番号の後の丸数字は糸の本数です。

STUMPWORK

30

夏のビーチ

水着にサンダル、帽子。夏の小物にこんなワンポイントの刺繍はいかが。

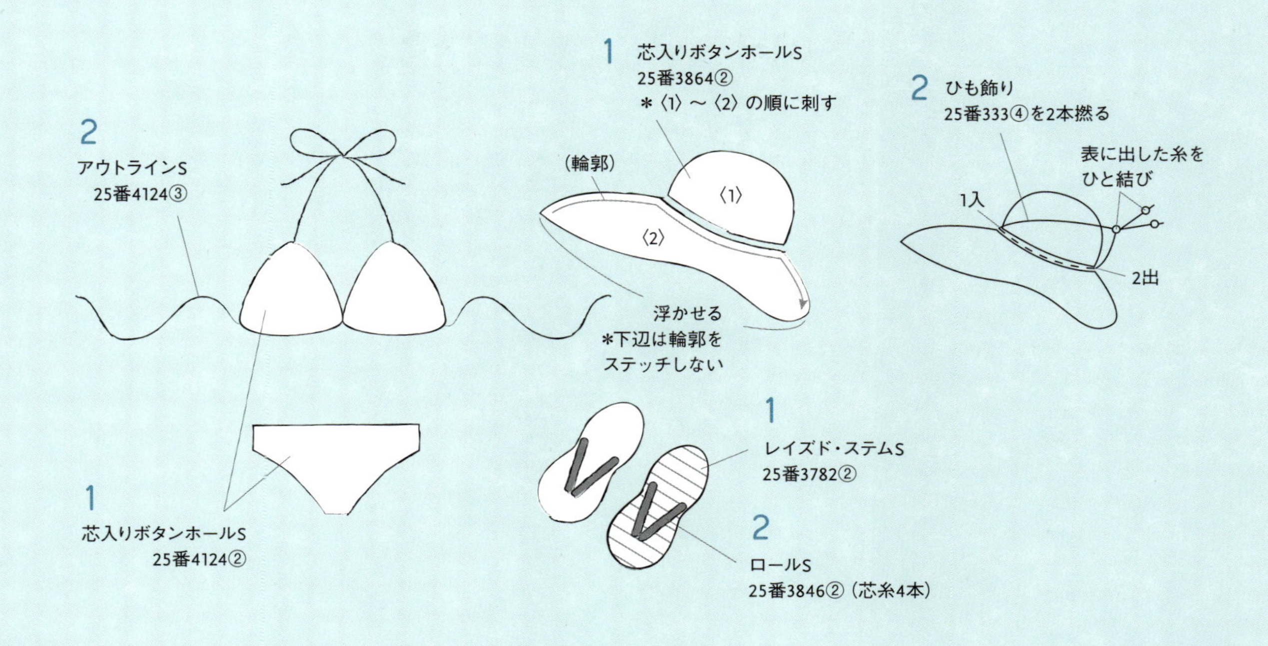

刺繍糸　DMC 25 番／ 333, 3782, 3846, 3864, 4124

＊図中の糸番号の後の丸数字は糸の本数です。

STUMPWORK

31
ウサギと草原

たれ耳がかわいいホーランドロップ。ウサギも草も同じステッチでできます。

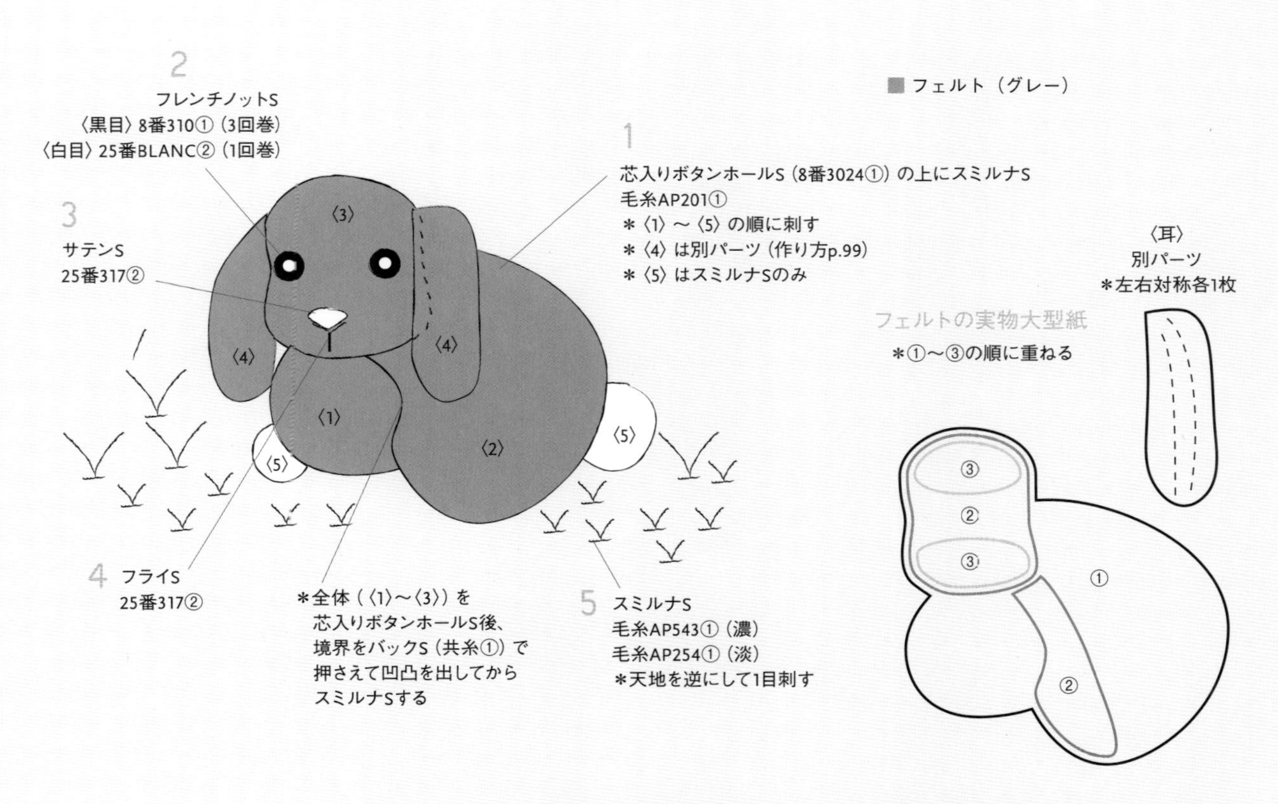

刺繍糸　DMC 25 番／317, BLANC　8 番／310, 3024　APPLETON 201, 254, 543

＊図中の糸番号の後の丸数字は糸の本数です。

STUMPWORK

32

アマガエル

水辺で跳ねるカエルたち。艶のあるレーヨン素材の糸に気持ちも弾みます。

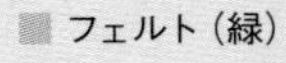

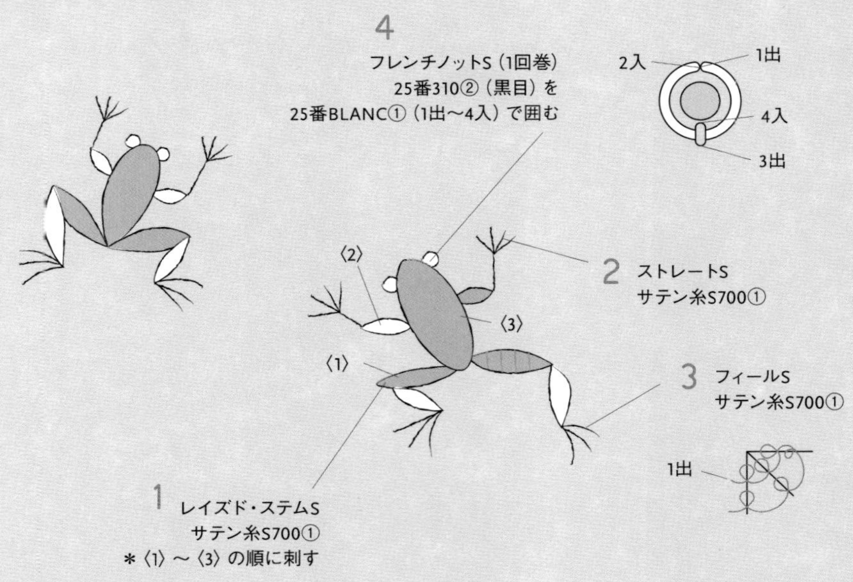

刺繍糸　DMC 25 番／310，BLANC　サテン糸／S700

＊図中の糸番号の後の丸数字は糸の本数です。

STUMPWORK

33

蔓バラ

繊細な花の色はグラデーションの糸ならでは。繰り返し並べてつなげても。

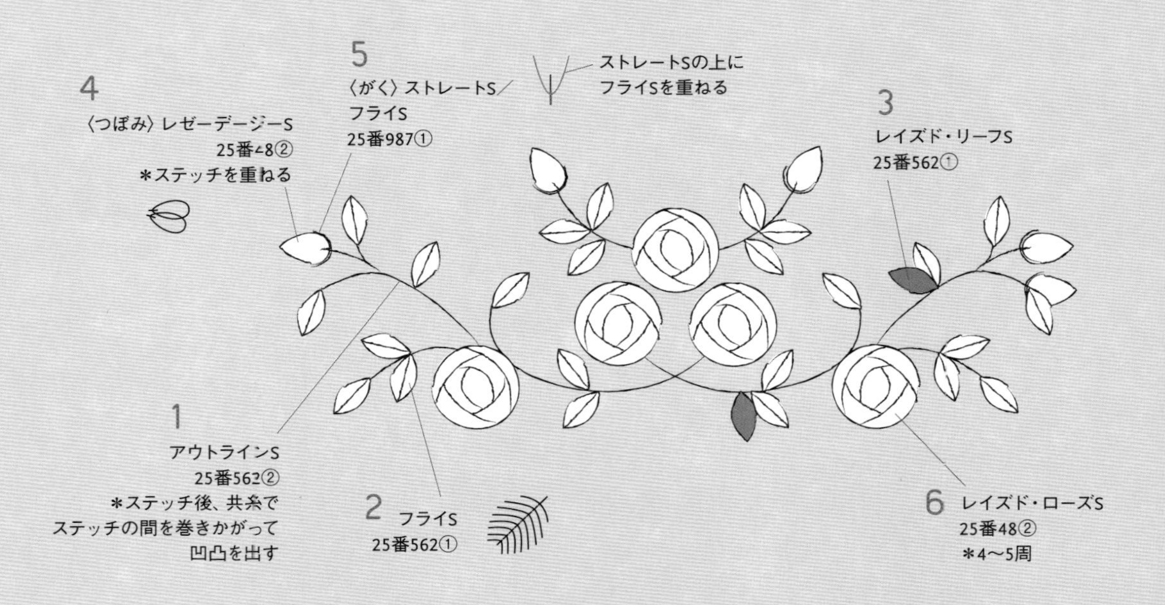

刺繍糸　DMC 25 番／48，562

＊図中の糸番号の後の丸数字は糸の本数です。

STUMPWORK

34
ナナカマド

白い雪に映える、赤い実。葉は陰影を意識して、濃淡で刺しましょう。

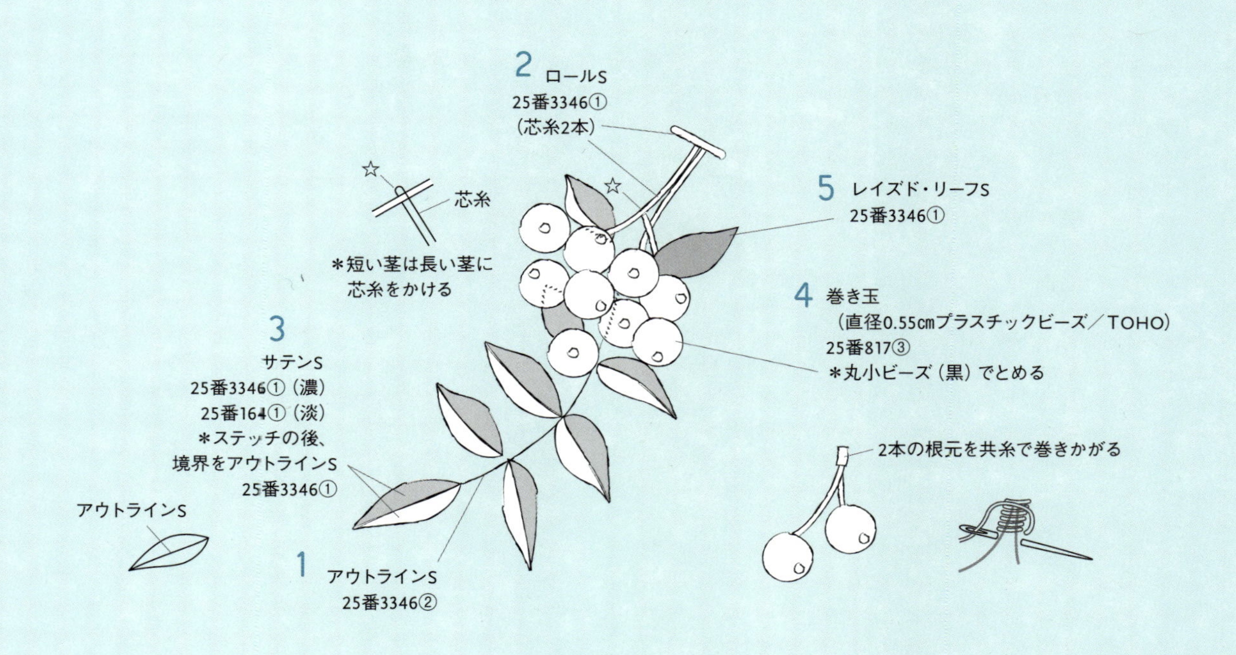

刺繍糸　DMC 25 番／ 164, 817, 3346

＊図中の糸番号の後の丸数字は糸の本数です。

STUMPWORK

35

オニオオハシ

パーツごとにステムステッチで刺した南米の鳥。鮮やかで大きな葉を添えて。

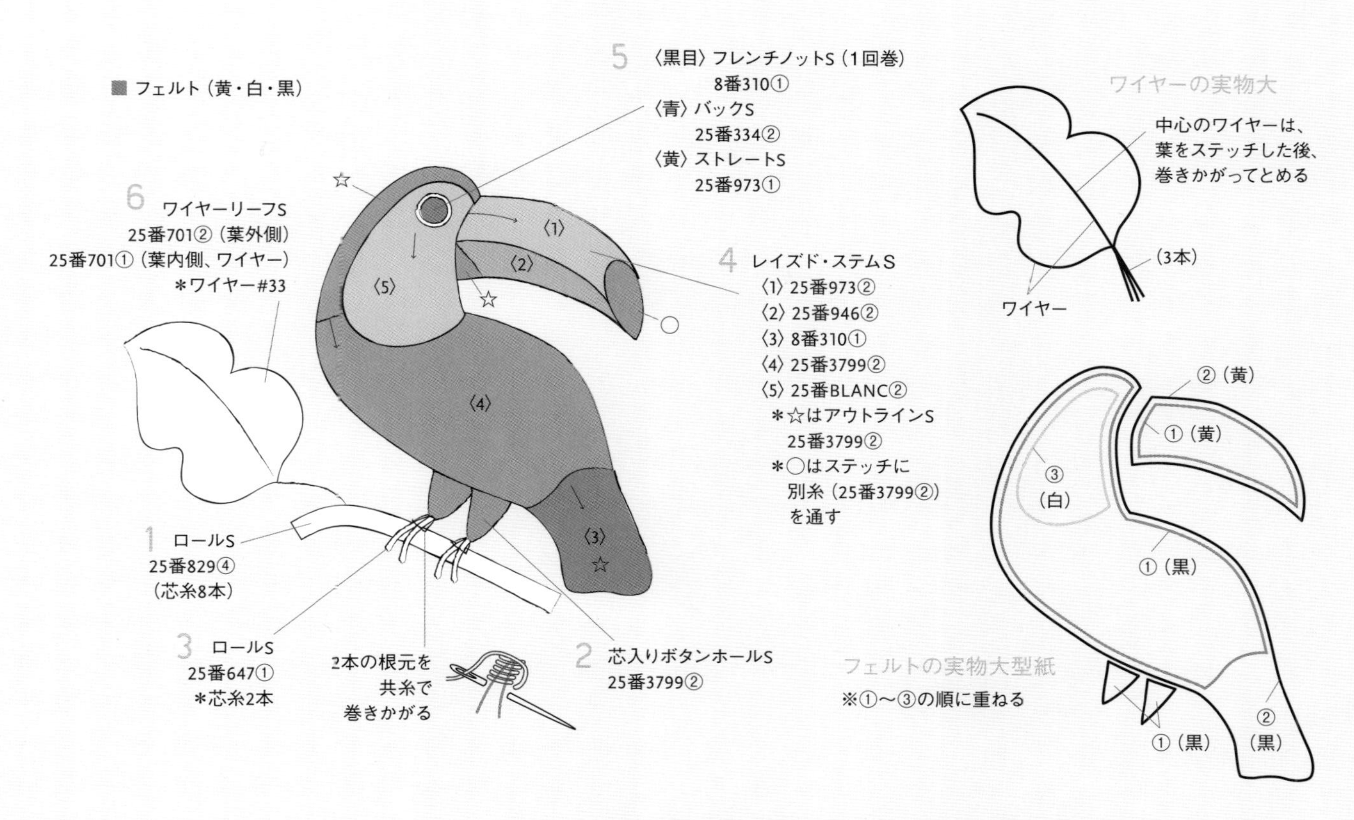

刺繍糸 DMC 25番／334, 647, 701, 829, 946, 973, 3799, BLANC 8番／310

＊図中の糸番号の後の丸数字は糸の本数です。

青いベアさん
どんぐりのポケットで
お昼寝中。

HOW TO MAKE
STUMPWORK LESSON

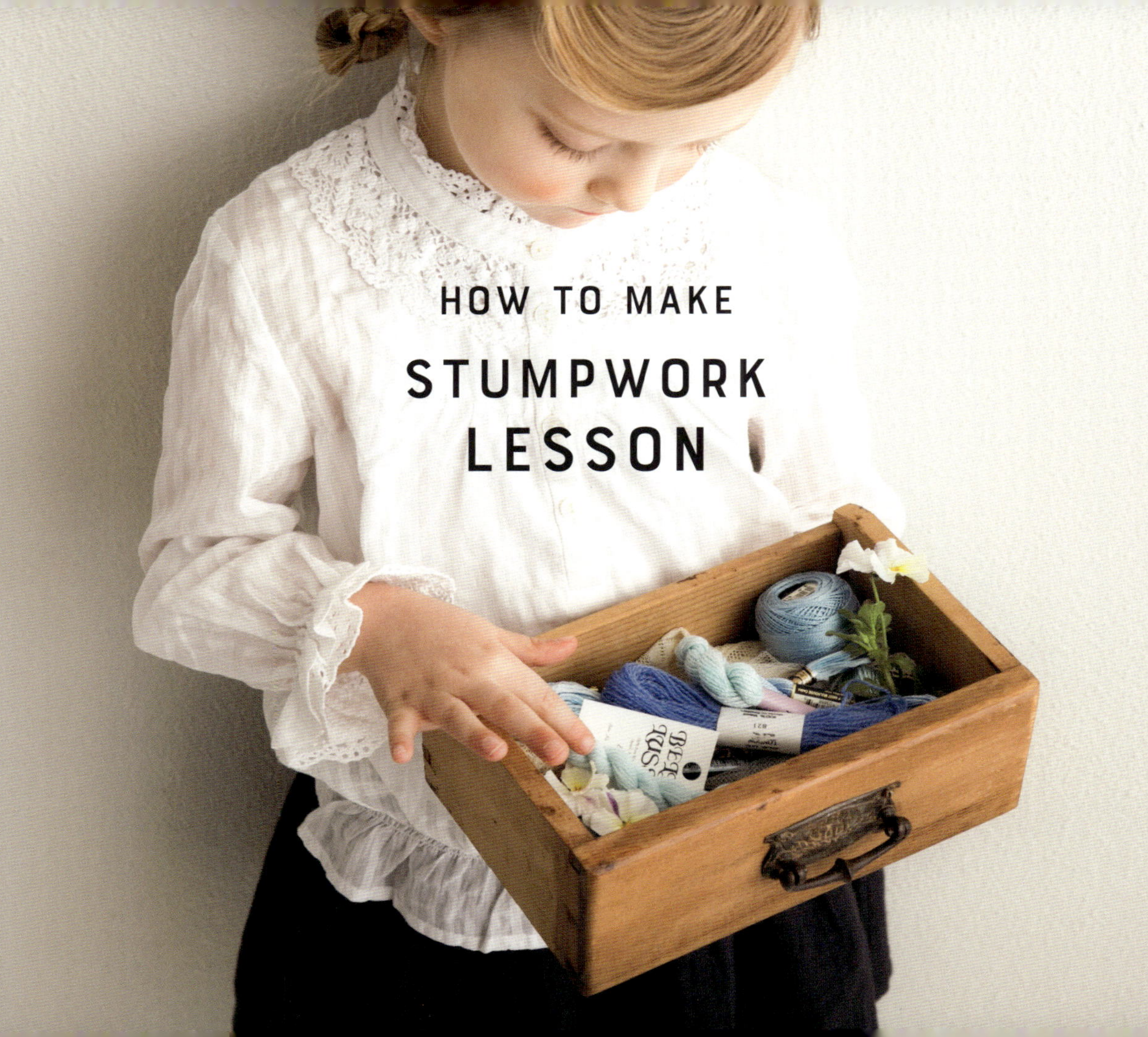

EMBROIDERY
THREAD

刺繍糸について

オーソドックスな25番刺繍糸のほか、質感や太さが異なる糸を使ってみましょう。
糸によって、さまざまな表情が表現できます。

＊糸はすべて通信販売しています。詳細はp.104。

ⓐ 25番刺繍糸／DMC
最もオーソドックスな刺繍糸で色数も豊富。6本の糸が束になっているため、使用の際は、1本ずつ引き出し、指定の本数を引き揃えて針に通しましょう。
＊番手の数字は小さくなる程、太くなります。

ⓑ 25番段染め糸
一定の間隔で色合いが変わるため、さまざまな色の出方が楽しめる。

ⓒ 25番グラデーション糸
濃淡のグラデーションで色合いが変わる。陰影がつくなど、自然な変化が魅力。

ⓓ 25番サテン糸／DMC
レーヨン100%で、なめらかで光沢がある。発色の良さも魅力。

ⓔ 12番刺繍糸／DMC
25番よりやや太い。しっかりした撚りで光沢がある。

ⓕ 8番刺繍糸／DMC
12番よりやや太い。25番刺繍糸の3本分位の太さ。

ⓖ 5番刺繍糸／DMC
8番より太く、25番刺繍糸の5本分位の太さ。混紡糸（Expressions）の代用にしても。

ⓗ 極細毛糸／BELLA RUSSO
上質なメリノウール100%の糸。糸のすべりがよく、やさしい印象に仕上がる。

ⓘ 毛糸／APPLETON
ふわふわとした手触りのウール100%の糸。ボリュームのある仕上がりになる。

ⓙ 混紡糸（Expressions）／THREAD WORX
コットンとレーヨンの混紡糸で、適度な弾力がある。5番刺繍糸位の太さ。

使用する針
糸の番手や本数、種類によって使い分けましょう。数種類の針がセットになった、取り合わせタイプが便利です。また、糸割れしにくい、針先が丸くなった（先丸タイプ）針を使ってもよいでしょう。

取り合わせタイプ

先丸タイプ

EMBROIDERY & STUMPWORK
STITCHES

基本のおもなステッチ

＊本書で使用した基本のステッチの刺し方はp.101を参照。

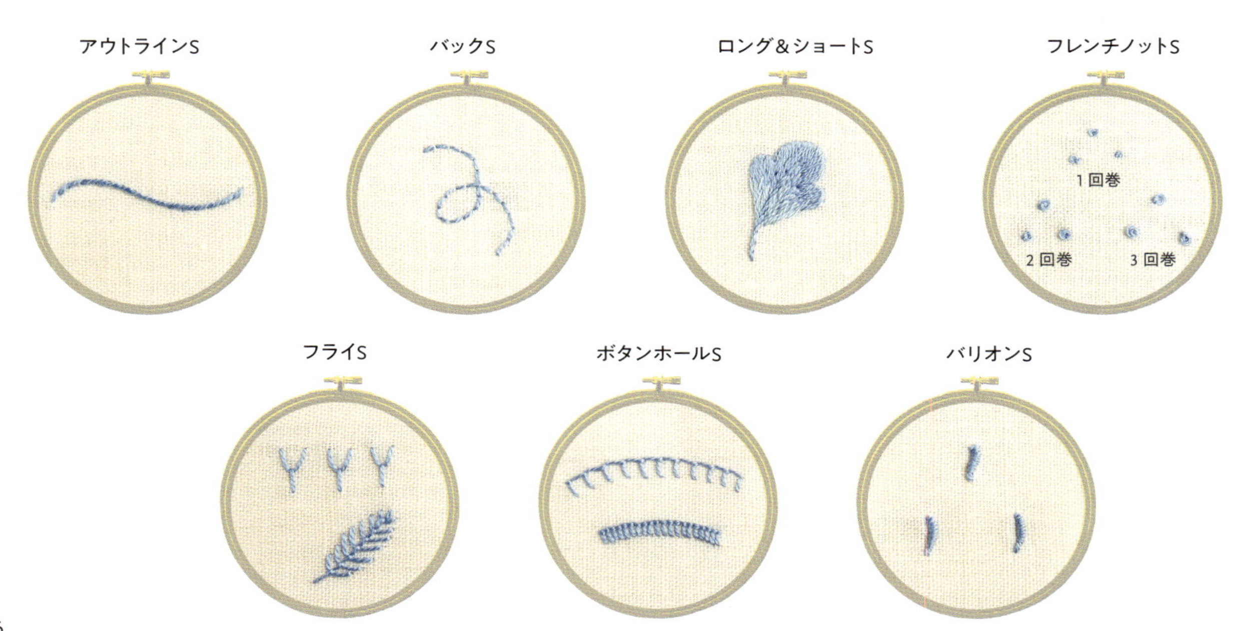

A～Iのスタンプワークのステッチ

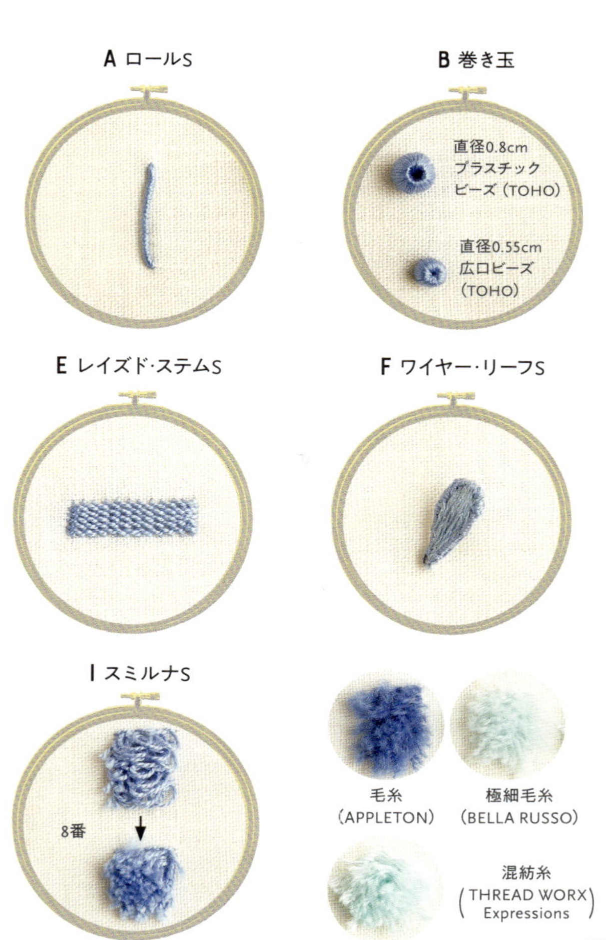
A ロールS
B 巻き玉
直径0.8cm
プラスチック
ビーズ（TOHO）
直径0.55cm
広口ビーズ
（TOHO）
E レイズド·ステムS
F ワイヤー·リーフS
I スミルナS
8番
毛糸
（APPLETON）
極細毛糸
（BELLA RUSSO）
混紡糸
（THREAD WORX
Expressions）

C 芯入りボタンホールS
D セイロンS
G レイズド·ローズS
H レイズド·リーフS
三角
カーブ

A ロールS

植物の茎でおもに使用。
細い棒状に仕上がる。

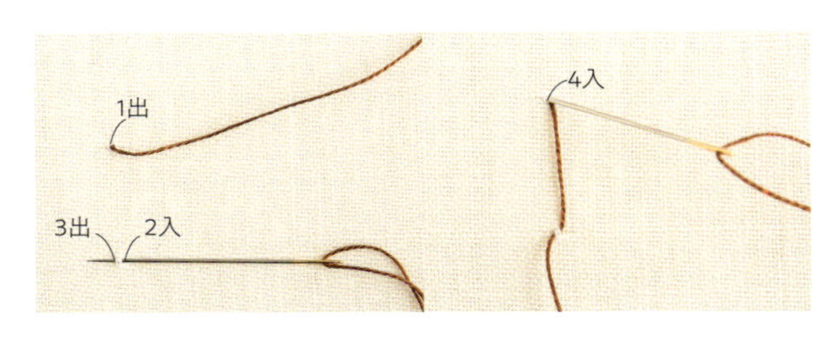

1.
図案の端から端に、芯糸を往復して2回（2本）渡す。芯糸は、糸の本数の2倍の数になります。

5出
6入
*わかりやすいよう別糸に替えています。

2.
すぐ脇から針を出し（5出）、芯糸を右からすくって巻いていく。刺し終わりは、脇に針を入れて裏側に出す（6入）。

MEMO

両端しか布にとまっていないため、形を整える場合は、共糸（1本取り）で裏側を小さくすくってとめましょう。p.66作品

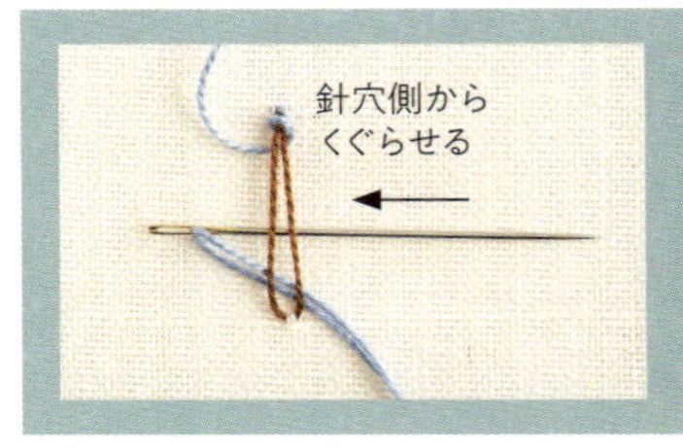

スタンプワークの注意点
針のくぐらせ方

針先からくぐらせると、尖った針先で糸を割る恐れがあります。その場合、先丸の針（p.85）を使うか、写真のように、針穴側からくぐらせるとよいでしょう。

B 巻き玉

植物の実でおもに使用。
芯には穴が大きいビーズを選ぶ。

MEMO

巻き玉は、縦や横に倒してとめます。ビーズを通すと、穴が隠れるほか、飾りになります。
p.24,78作品

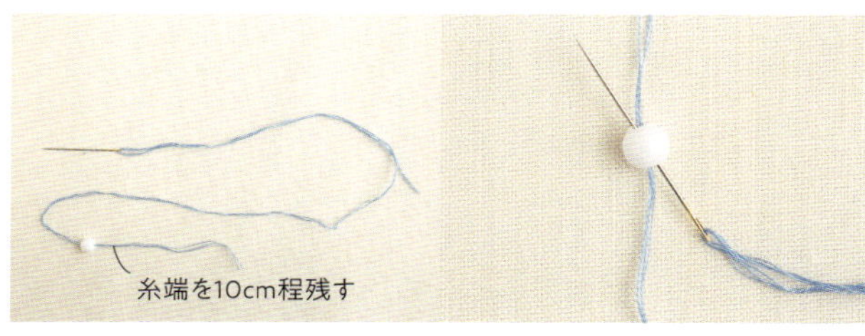
糸端を10cm程残す

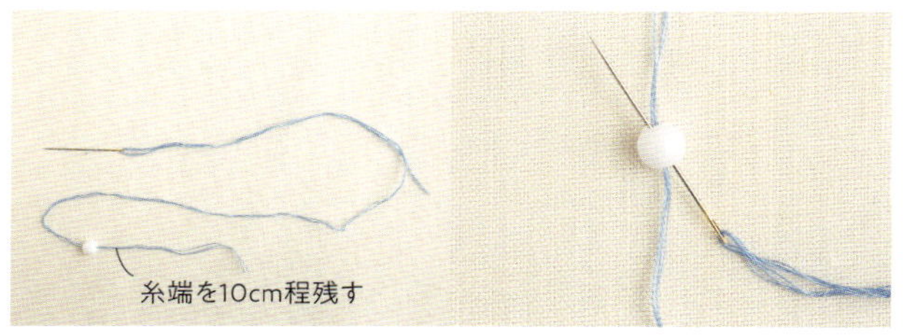

1.
3本取りにした刺繍糸をビーズの穴に通し、針を通して糸を引く。

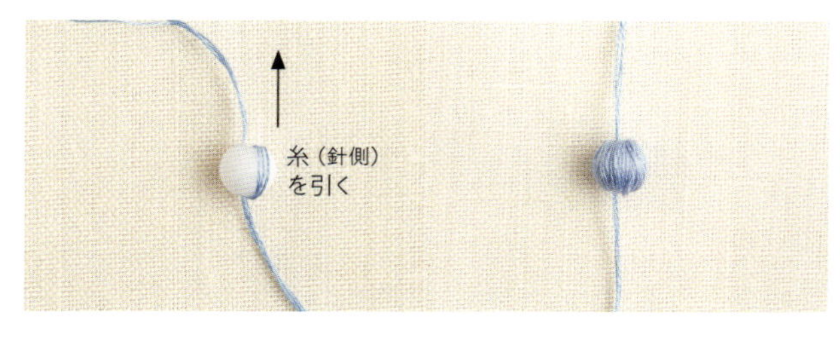
糸（針側）
を引く

2.
ビーズが糸で覆われる。表面が隠れるまでこれをくり返す。

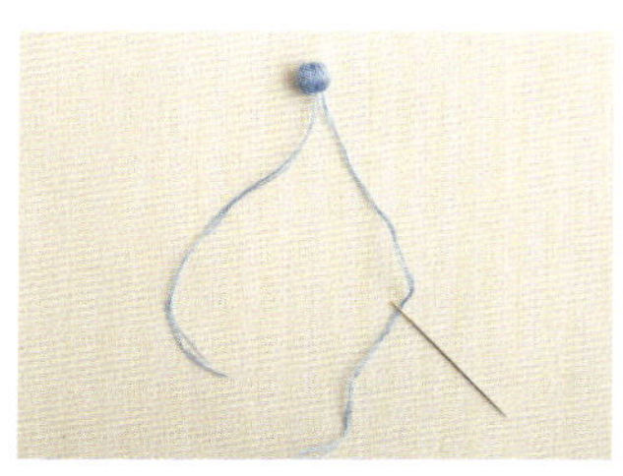

3.
最後に再び針を穴に通し、糸をすべて下側に出す。下側に出した糸を使って、布にとめます。

巻き玉のとめ方

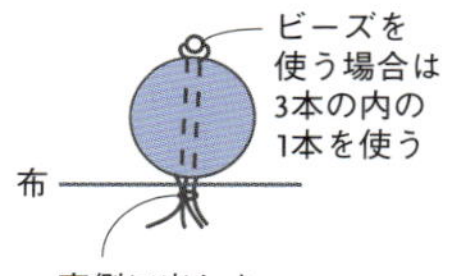
ビーズを
使う場合は
3本の内の
1本を使う
布
裏側に出した
糸同士を固結びする

C 芯入りボタンホールS

ループ状の模様ができる。
内側は布をすくわない。

MEMO

布をすくわないため、フェルトを詰めたり、浮かせることができます。p.70作品

● 1段め

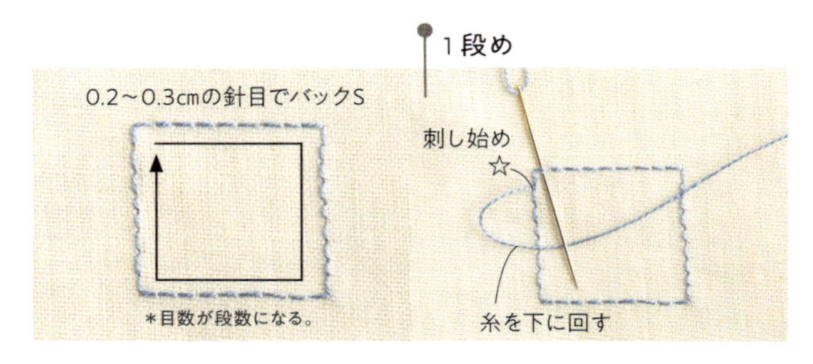

0.2～0.3cmの針目でバックS
＊目数が段数になる。
刺し始め
☆
糸を下に回す

1.
図案の輪郭をバックＳする。1段め（☆）から針を出し、横列の1目めをすくう。ボタンホールSの要領で針の下に糸を回す。

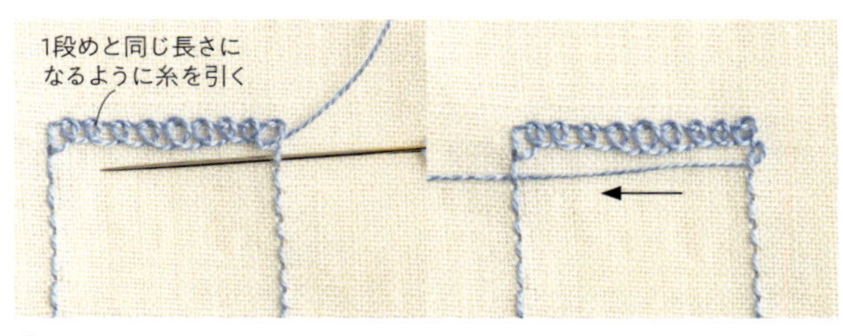

1段めと同じ長さになるように糸を引く

2.
ループの目ができる。1目ずつすくって端までステッチする。続けて、2段めのバックSに左から右へ針をくぐらせ、芯になる糸を渡す。

● 2段め

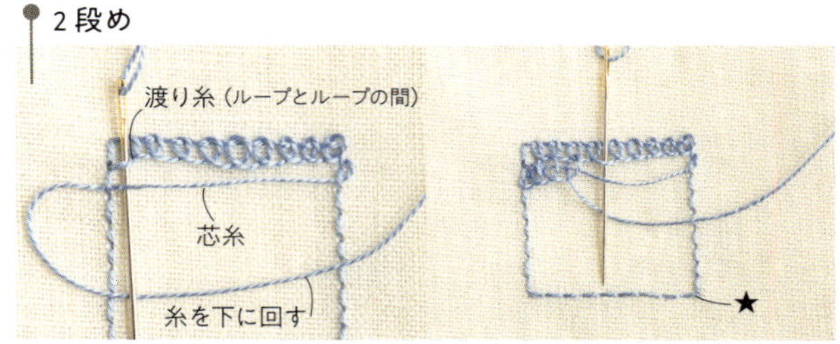

渡り糸（ループとループの間）
芯糸
糸を下に回す
★

3.
1段めの1つめの渡り糸と芯糸をすくって、2段めをステッチする。同様にして最終段まで刺し、刺し終わりはバックSの角（★）に針を入れて、裏側に出す。

D セイロンS

ループ状の目が
縦に規則的に並ぶのが特徴。

MEMO

メリヤス編みのような見た目は、ニットの模様にもぴったりです。p.14作品

1段め

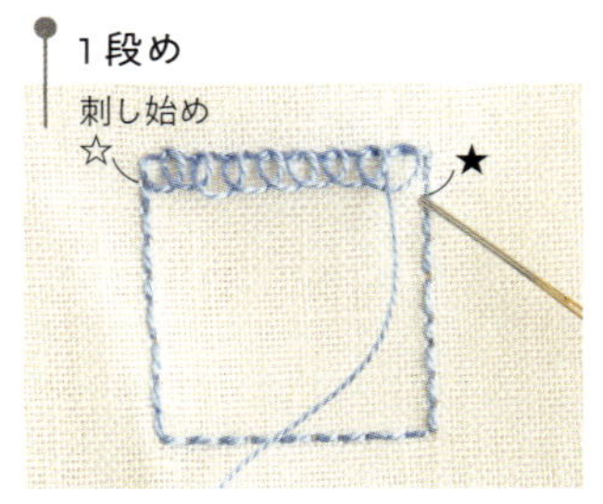

1.
「芯入りボタンホールS」1～2（p.90）と同様に刺し、段の終わりは1段めのバックSに針を入れる（★）。

2段め

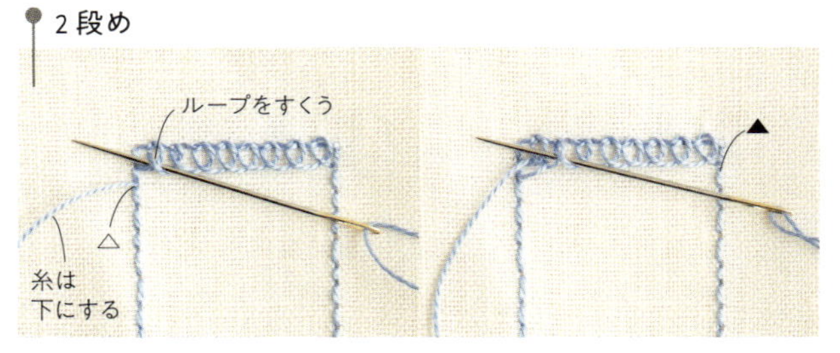

2.
2段めのバックSから針を出し（△）、1段めの1つめのループをすくって目を作る。順にループをすくっていき、段の終わりはバックS（▲）に針を入れる。3段め以降も同様にする。

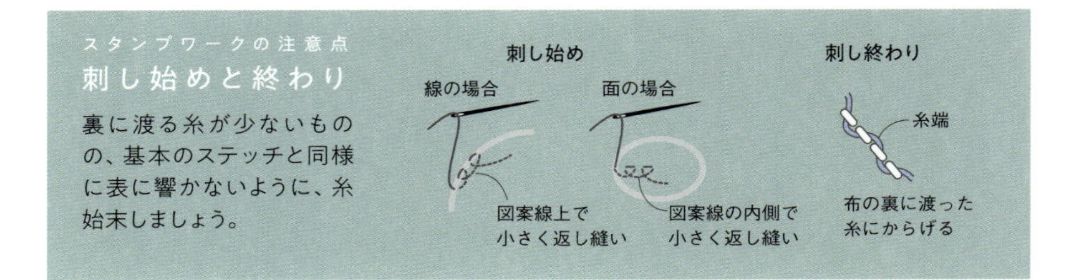

スタンプワークの注意点
刺し始めと終わり

裏に渡る糸が少ないものの、基本のステッチと同様に表に響かないように、糸始末しましょう。

E レイズド・ステムS

横糸が層のように重なる。
隙間なく刺すと、より立体的に。

MEMO

パーツごとにステッチの向きを変えると表情が出ます。p.80作品

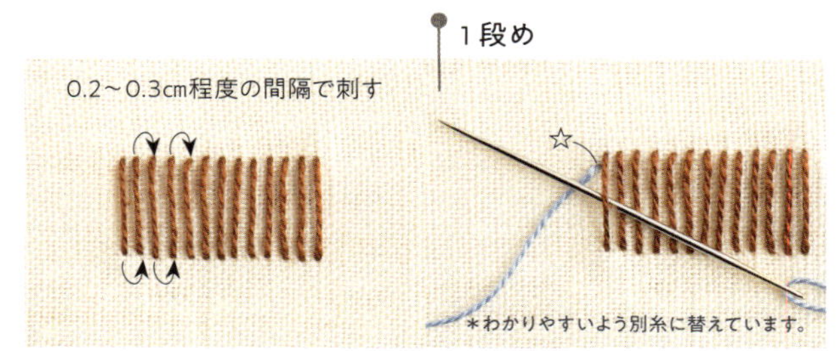
1段め
0.2〜0.3cm程度の間隔で刺す
☆
*わかりやすいよう別糸に替えています。

1.
図案に添って、軸糸を刺す。すぐ脇から針を出し（☆）、1本めを右からすくう。

糸は進行方向と逆に引く
★

2.
糸を引くと、最初の目ができる。同様にして端まで進み、段の終わりは、軸糸のすぐ脇に針を入れる（★）。

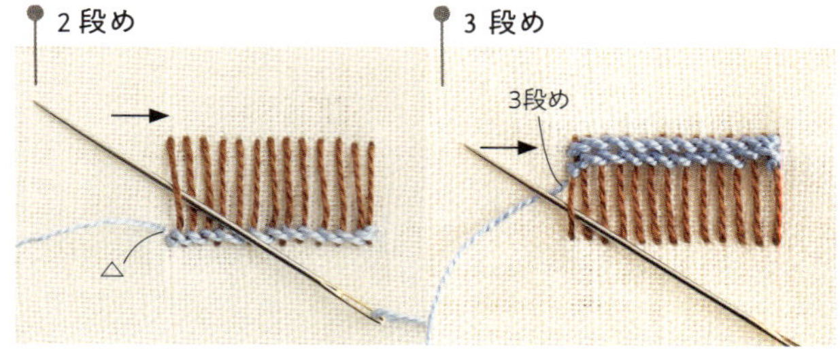
2段め
△
3段め
3段め

3.
1段めのすぐ下に針を出し（△）、天地を逆にして端から順に軸糸をすくっていく。3段めは再び向きを変える。

F ワイヤー・リーフS

立体の葉でおもに使用。
別布で作ってから、布にとめる。

パーツのとめ方

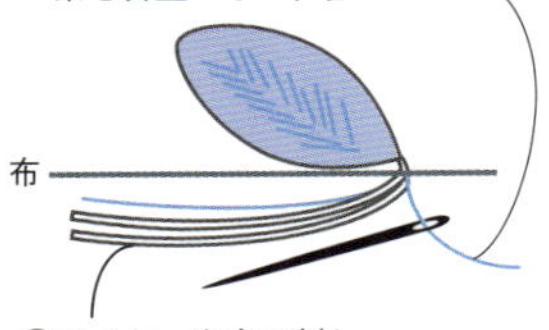

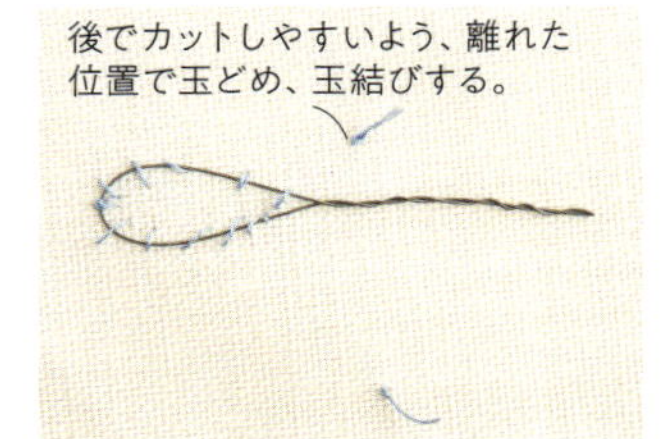

後でカットしやすいよう、離れた
位置で玉どめ、玉結びする。

1.
ワイヤー（#33を使用）を図案の通りに形作り、布に粗く仮どめする。ワイヤーの両端は5cm程度残し、ねじってとめる。

MEMO

外枠にワイヤーを使うことによって、好きな形、大きさで作ることができます。p.50作品

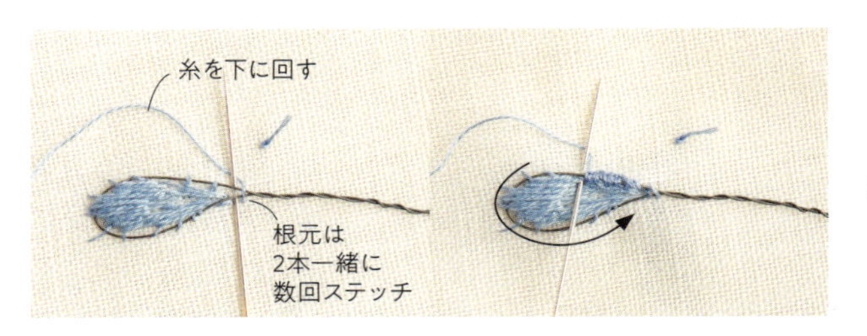

2.
ワイヤーの内側の布を、ステッチ（写真はロング&ショートS）で埋める。続けて、ワイヤーをボタンホールSで縁取りする。根元から始め、布ごとボタンホールSでくるんでいく。

3.
一周してワイヤーをくるんだら、仮どめの糸を切って、取り外す。糸を切らないように注意して、きわでカットして切り取る。

G レイズド・ローズS

バラの花で使用。
糸を引くと、目が立ち上がる。

MEMO

グラデーションの糸で刺すと、自然な濃淡が表現できます。p.76作品

1周め

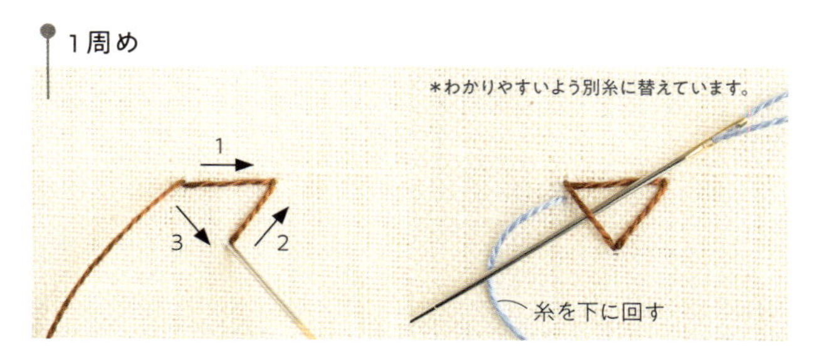

＊わかりやすいよう別糸に替えています。
1
2
3
糸を下に回す

1.
芯糸となる三角形を刺す。芯糸のすぐそばに針を出し、内側からすくう。

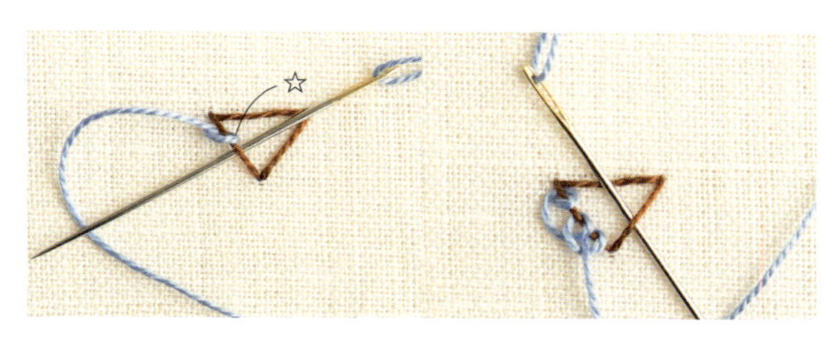

☆

2.
糸を引くと1目（☆）ができる。同様にして、3目作り、残りの芯糸にも3目ずつ作る。

☆

3.
1周したら、最初の1目め（☆）に針を入れ、そのまま布の裏側に針を出す。糸を引き、目を立ち上げる。

2周め

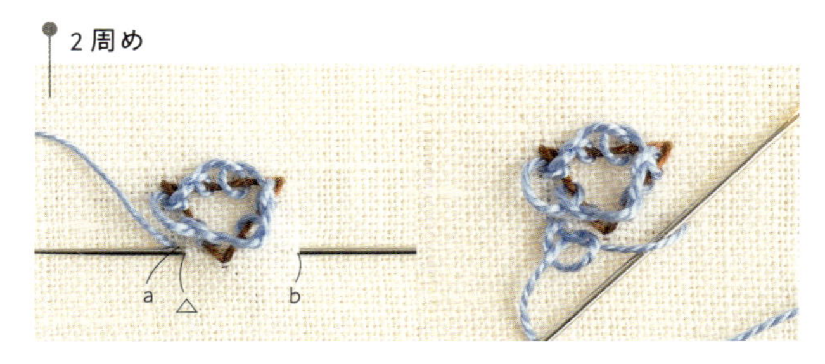

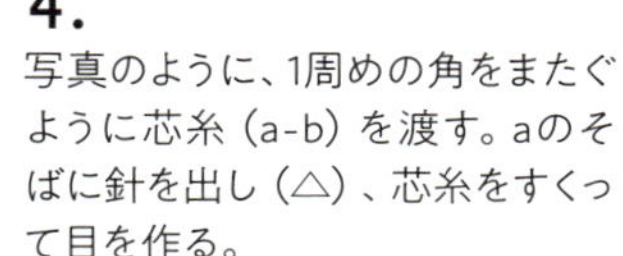

4.
写真のように、1周めの角をまたぐように芯糸（a-b）を渡す。aのそばに針を出し（△）、芯糸をすくって目を作る。

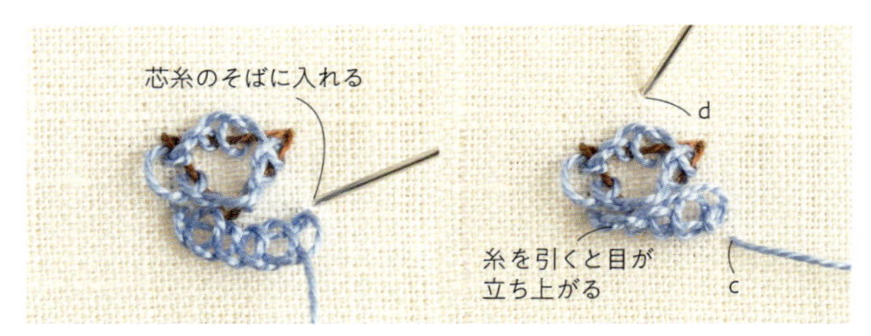

5.
芯糸をすくって、5目作り、芯糸のそばに針を入れて裏側に出す。再び、1周めの角をまたぐように、2本めの芯糸（c-d）を1本めに重なるように渡す。

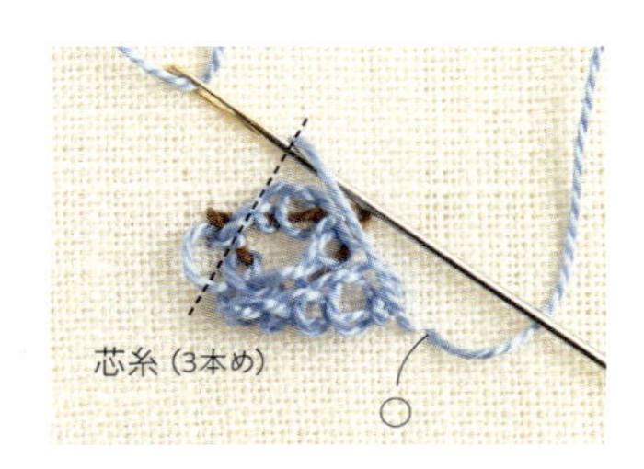

6.
すぐそばに針を出し（○）、芯糸をすくって5目作る。同様にして、3本めの芯糸も渡して目を作り、2周めの完成。

3周め

7.
2周めの外側に、3本（目数は7個）作る。大きさによって目数の数を調整しましょう。

芯糸の渡し方

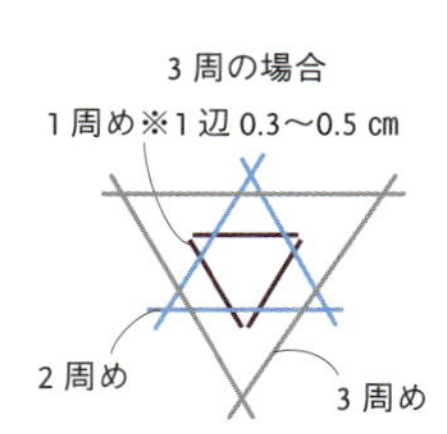

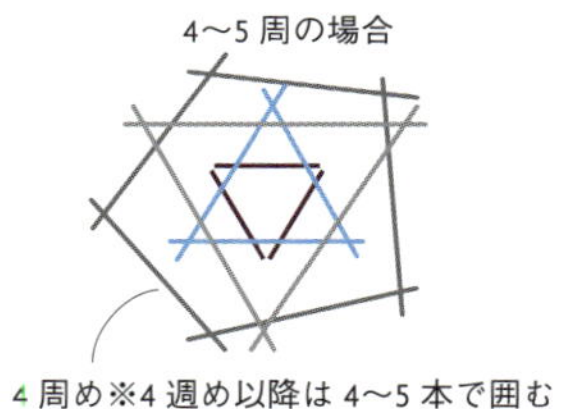

H レイズド・リーフS

植物の葉でおもに使用。
糸の引き加減で形が変わる。

三角

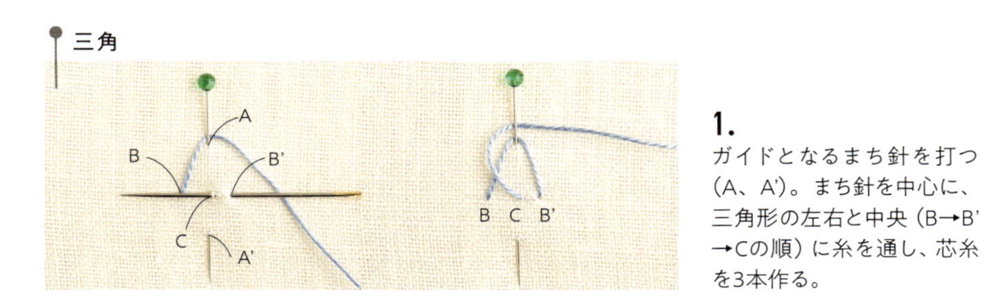

1.
ガイドとなるまち針を打つ（A、A'）。まち針を中心に、三角形の左右と中央（B→B'→Cの順）に糸を通し、芯糸を3本作る。

三角
A
中心
B
B'
C
A'

カーブ
A
中心
B
B'
C
A'

図案の線の中心にまち針を打つ
※A点とCより先の点（A'）に打つ

2.
右から両端（B、B'）の芯糸をすくって糸を通す。糸を上側に引いて締め、次は左から中央の芯糸（C）をすくって糸を通す。

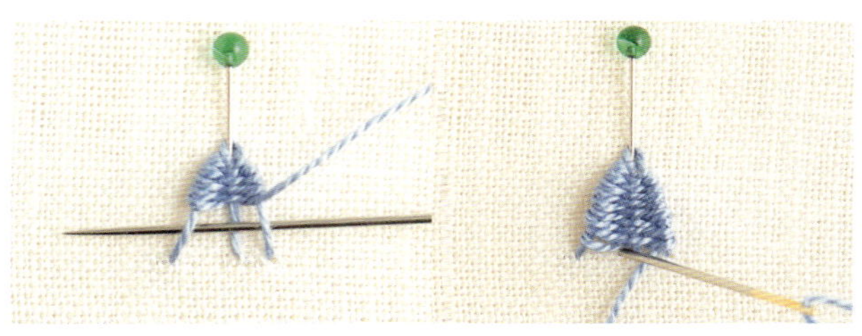

3.
糸を上側に引いて締め、**2**をくり返す。刺し終わりは、中央に針を入れて裏側に出す。まち針を抜いて完成。

カーブ

三角タイプと同様に作り、半分を過ぎた辺りからやや強めに糸を引いて、下側がすぼまるようにする。

がく／小さい葉

1本取りの糸でかつ、芯糸の間隔を狭くすると、細長く仕上がります。糸をしっかり引くのもポイントです。p.40作品

MEMO

葉以外にもさまざまな表現ができます。長く刺せば動物の耳に。先端をとめれば、面を埋めることができます。

p.22作品

p.26作品

スミルナS

動物の毛でおもに使用。
絨毯のようなループの目ができる。

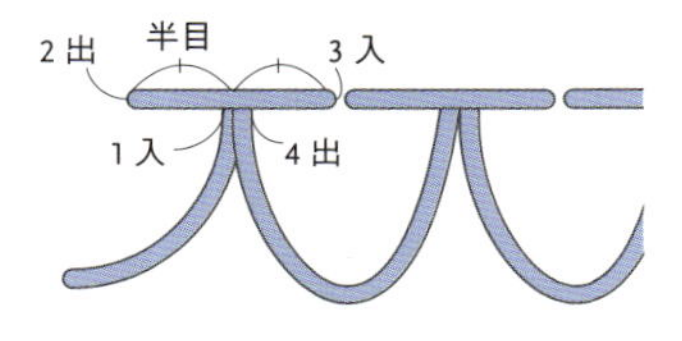

1 列め

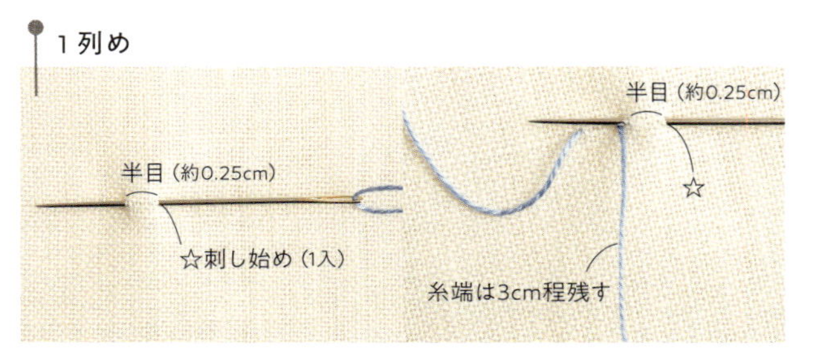

1.
バックSの要領で、半目分の長さで左半分と右半分をそれぞれすくう。**本書では、1目を0.5cm程度の長さで刺します。**

☆

ループの
長さは
1cm程度

2.
1目ができる。**1**と同様に、左半分、右半分の順に刺す。糸を最後まで引かないことによって、ループ状になる。

MEMO

全面をスミルナSで刺す場合、布にフェルトを重ねると凹凸が表現できます。p.46作品

草を表現した作品では、ループが上側になるように天地を逆にして刺しました。p.72作品

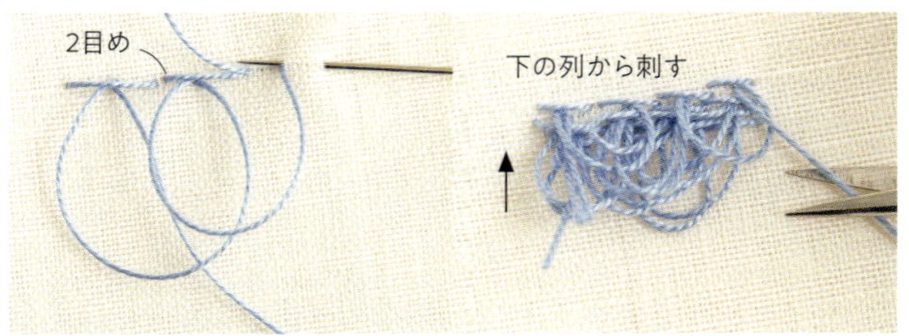

3.
2目めができる。同様にして端まで刺す（1列めの完成）。下から順に各列を刺し、列の刺し終わりは糸を長めに残して切り、再び左端から次の列をステッチする。

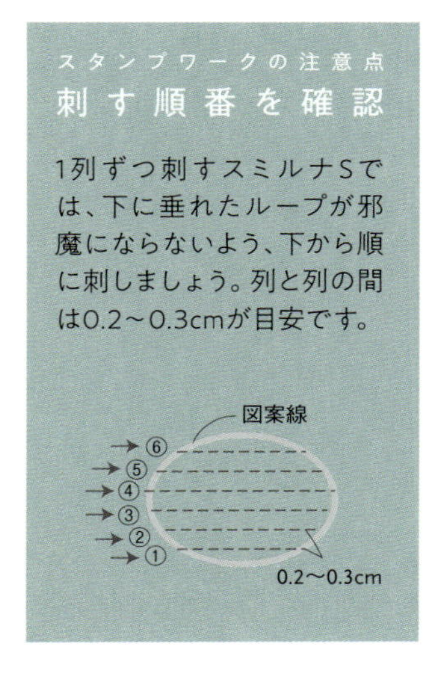

スタンプワークの注意点
刺す順番を確認
1列ずつ刺すスミルナSでは、下に垂れたループが邪魔にならないよう、下から順に刺しましょう。列と列の間は0.2〜0.3cmが目安です。
図案線
⑥
⑤
④
③
②
①
0.2〜0.3cm

カットの仕方

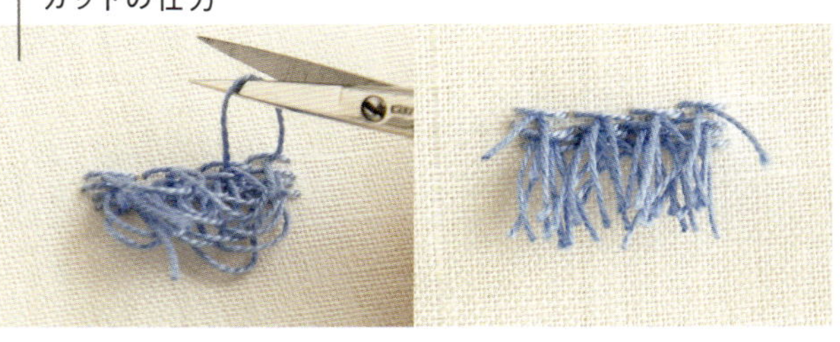

4.
本書の作品のように動物の毛を表現する場合は、ループをカットし、好みの長さに整える。

写真の耳のように、フェルトで別に作ったパーツをつけると、より立体的に仕上がります。p.72作品

別パーツの作り方

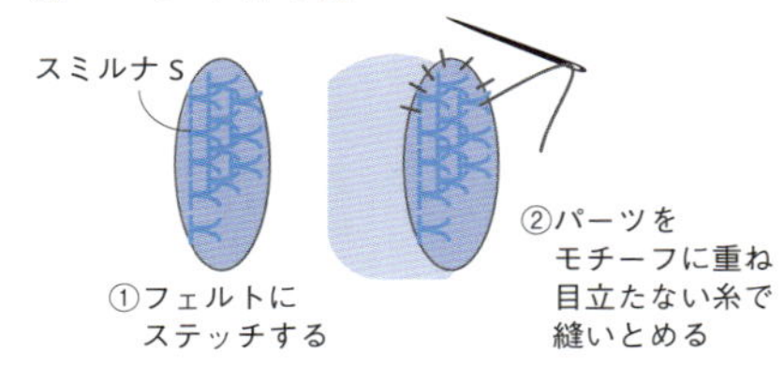

フェルトの詰め方

スタンプワークでは、ステッチを立体的に仕上げるためにフェルトを使います。

スミルナSの場合

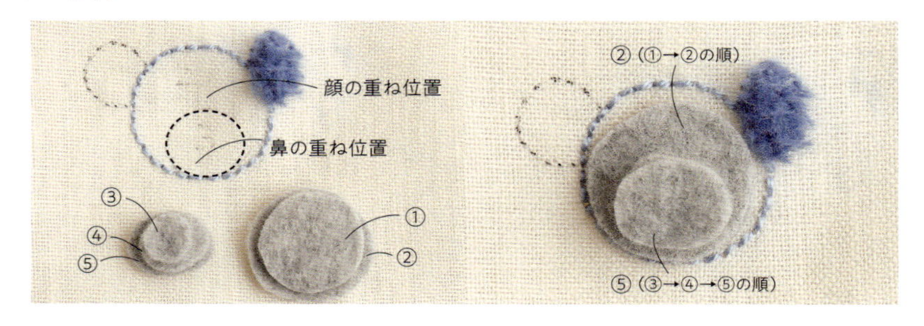

＊わかりやすいよう、目立つ色のフェルトを使用

1.

フェルトを重ねる部分を残してステッチし、図案の輪郭より約0.1cm小さく裁ったフェルト（糸と同系色）を重ねる。**複数枚を重ねる場合は、順番に注意する。**

2.

フェルトが動かないよう、顔と鼻のそれぞれ一番上のフェルトを同系色の糸でまつり、ステッチする。**スミルナSの場合、先に芯入りボタンホールSして、芯入りボタンホールSの糸をすくうと刺しやすい。**

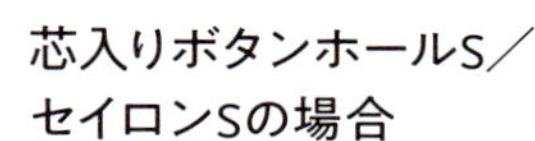

芯入りボタンホールS／セイロンSの場合

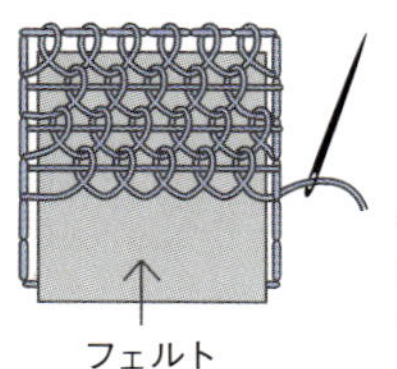

2/3程ステッチした時点で、フェルトを中に入れる。

レイズド・ステムSの場合

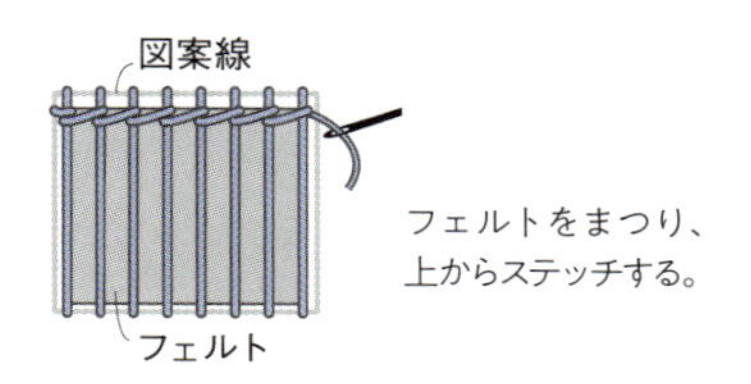

基本のステッチの刺し方

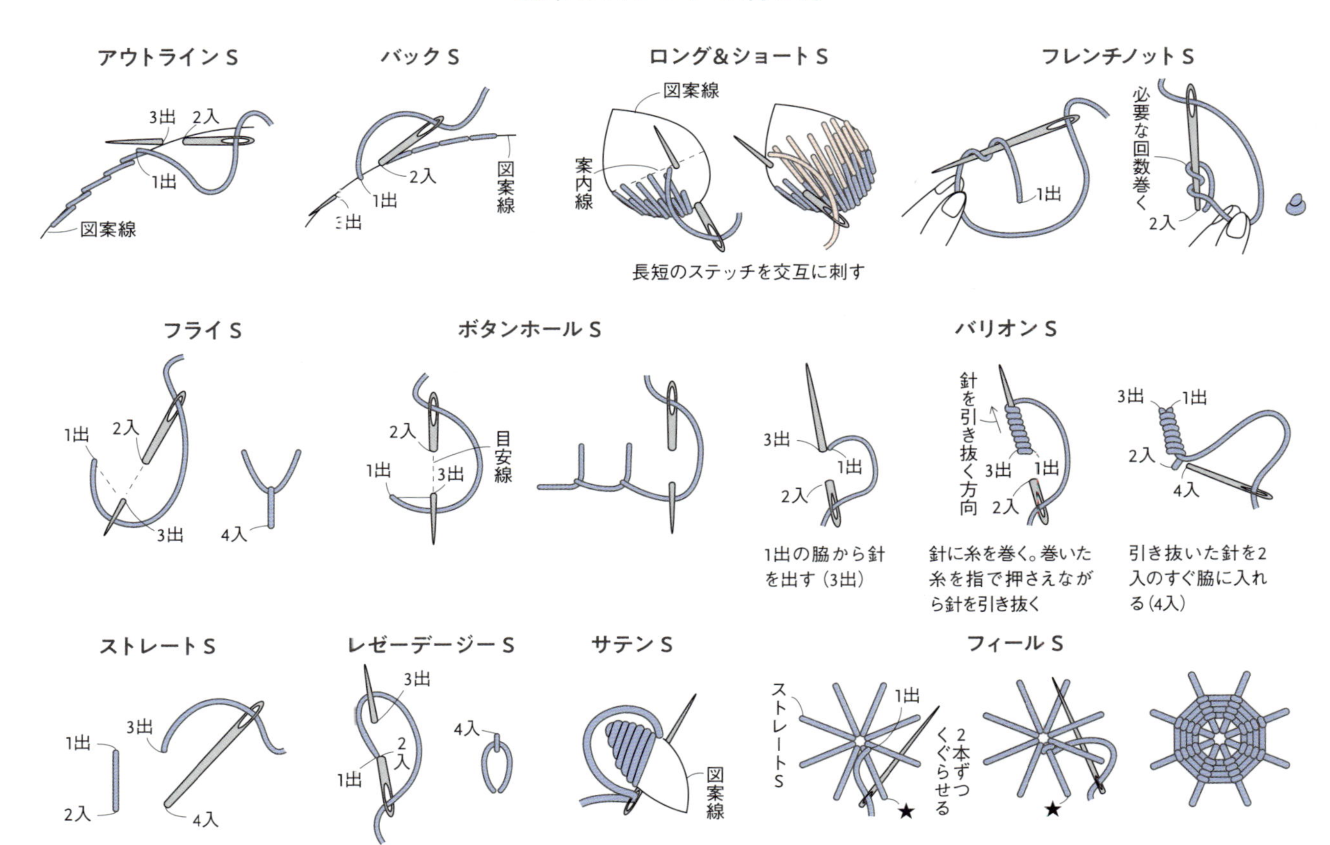

STUMPWORK
ARRANGE

スタンプワークをアレンジ

フクロウときのこの立体の飾り 作り方

刺繍糸

THREAD WORX xpressions 236, 201S
DMC25 番／ 728, BLANC

作り方

①布にフクロウの前、後ろをそれぞれ刺繍し、縫い代 0.5cmつけてカットする。
②足をワイヤーを芯にして、糸を巻いて作る。
③フクロウの前と後ろを中表に合わせて縫い（足をはさむ)、表に返す。
返し口から手芸綿を入れ、返し口をとじる。

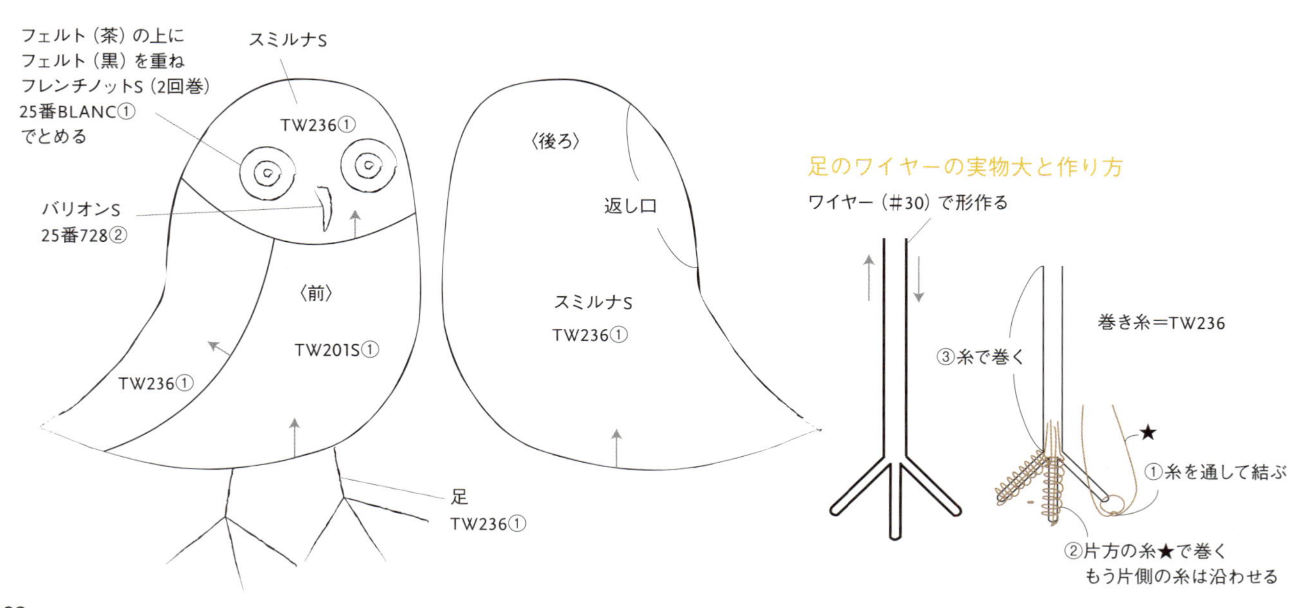

刺繍糸

〈小〉 DMC25番／3801　12番／822
〈大〉 赤…DMC25番／321　8番／ECRU
　　　青…DMC25番／4025　8番／ECRU

作り方

〈小〉 ①布に刺繍し、縫い代0.5cmつけて裁つ。
これを2枚作る。＊傘部分にフェルトを入れる（P.35参照）。
②2枚を中表にして縫い、返し口から表に返し、
手芸綿を詰めて、返し口をとじる。

〈大〉 ①フェルトを出来上がりに裁つ。
②丸めて刺繍した柄を傘・裏の切り込みに
差し込み、傘・裏を刺繍する。
③刺繍した傘・表に②をまつりつける。

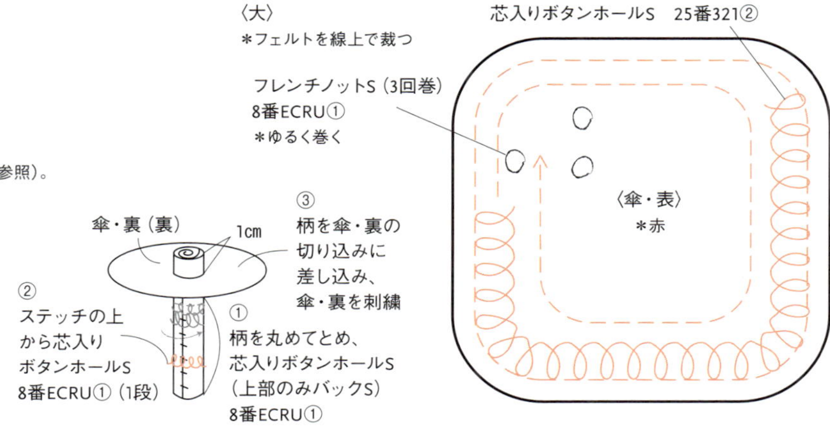

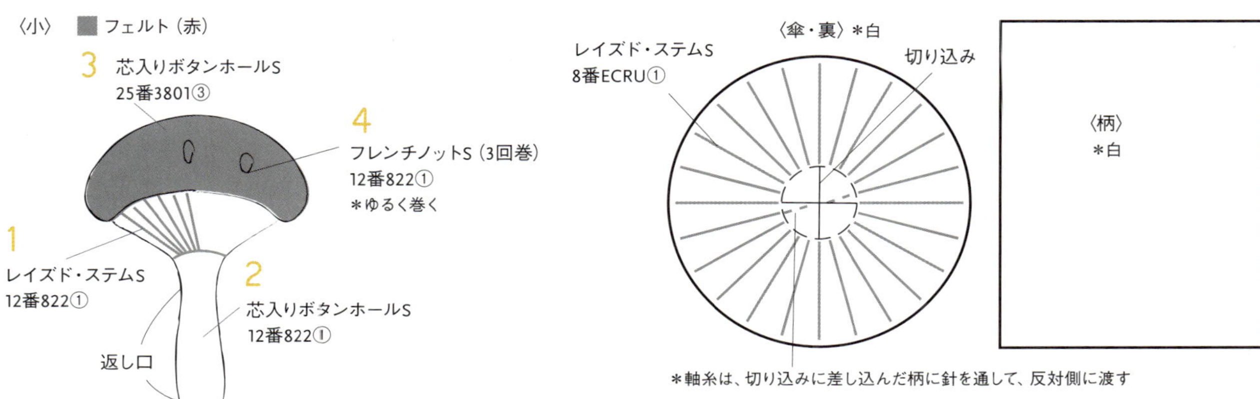

大塚あや子
Ayako Otsuka

1950年福岡県に生まれる。
日本刺繍・欧風刺繍の刺繍家である母の元で幼少の頃より刺繍に親しむ。KLMオランダ航空にて客室乗務員を経て、刺繍講師の資格を取得し、2005年4月に直接指導による刺繍教室「Embroidery Studio ECRU」を開講。
最近脚光を浴びている、スタンプワークや、シュヴァルム刺繍などの技法を日本に紹介した。
刺繍の普及、後進の育成に努めるかたわら、広告制作やテレビ出演、雑誌、著書・監修本等の書籍を出版するなど幅広い分野で活動している。
著書「大塚あや子の白糸刺しゅう」(NHK出版)、「大塚あや子の花刺しゅう」(高橋書店)、「白い糸の刺繍」(日本ヴォーグ社)ほか多数。

撮影協力/木村麻里子　木村由夏

・本書で使用した刺繍糸を通信販売致します。
問い合わせ先
Studio Ecru
〒152-0035 東京都目黒区自由が丘1-7-16 アンジェー自由が丘ビル4F
TEL 03-3717-1171　FAX 03-3717-0713
受付時間　10時~17時(月曜~金曜)
http://www.studio-ecru.com/

大塚あや子の刺繍
ちいさな ちいさな
スタンプワーク

2018年5月31日　初版第1刷発行

著　者　大塚あや子
発行者　澤井聖一
発行所　株式会社エクスナレッジ
〒106-0032　東京都港区六本木7-2-26
http://www.xknowledge.co.jp/

問合わせ先
[編集] TEL 03-3403-6796　FAX 03-3403-0582
info@xknowledge.co.jp
[販売] TEL 03-3403-1321　FAX 03-3403-1829